U0838485

国内企业
IPO 融资与市值管理

张一飞　侯进平　尚万宽　主　编

中国商业出版社

图书在版编目（CIP）数据

国内企业 IPO 融资与市值管理 / 张一飞，侯进平，尚万宽主编 . -- 北京：中国商业出版社，2023.3

ISBN 978-7-5208-2327-2

Ⅰ . ①国… Ⅱ . ①张… ②侯… ③尚… Ⅲ . ①上市公司—企业融资—关系—市场价值—研究—中国 Ⅳ . ① F279.246

中国版本图书馆 CIP 数据核字 (2022) 第 221076 号

责任编辑：袁娜

中国商业出版社出版发行

（www.zgsycb.com　100053　北京广安门内报国寺 1 号）

总编室：010-63180647　编辑室：010-83128926

发行部：010-83120835/8286

新华书店经销

福建省天一屏山印务有限公司印刷

*

710 毫米 ×1000 毫米　16 开　11 印张　210 千字

2023 年 3 月第 1 版　2023 年 3 月第 1 次印刷

定价：68.00 元

****

（如有印装质量问题可更换）

编委会

主　编：张一飞　侯进平　尚万宽

副主编：李　广

编　委：陈宏伟　颜巧红　邱丽莹

朱文桂　罗莉莉　胡　娓

前　言

当今的世界正面临百年不遇之大变局，大国间博弈、经济科技相互遏制、地缘政治搏杀等众多的风险事件，给全球经济造成重大的打击。经济下滑，企业倒闭潮空前，常规经济模式颠覆、经济结构突变，使企业面临的竞争环境愈加恶劣。在新的世界经济背景下，劳动力、土地、资本、信息、数据等生产要素之间的关系悄然变化。在今后企业发展壮大过程中资本的作用会更加突出，高效的资本资源配置将会成为企业涅槃重生和高速发展的有力武器。

我国的资本市场是社会主义市场经济体制的重要组成部分，通过自上而下的顶层设计，突出资本服务实体的属性。我国的资本市场在引导社会资本转化为有效投资、产业转型升级和技术创新等方面发挥了重要作用。无论是从促进经济动能转换、激发经济活力的角度，还是从应对外部挑战、增强国际竞争力的角度，推动多层次资本市场的健康快速发展，都是必然选择。资本市场有“国民经济晴雨表”之称，回顾中国资本市场历史，1990年12月上海证券交易所正式成立，标志着我国资本市场的创立；1991年7月深圳证券交易所正式开业；此后中小板、创业板、科创板陆续推出，资本市场经过30多年的发展，对国家经济贡献是巨大的。国家“十四五”规划纲要明确指出，要加快上市注册制的全面铺开，深化资本市场对外开放，更好地服务实体经济高质量发展。全面铺开上市注册制后，“十四五”期间，上市公司数量预计将新增超过3000家，未来五年将会是优秀企业登陆资本市场最好的契机。

当企业处于高速发展时期时，需要更多的资金支持，以便实现快速扩张或夯实根基。除了内部融资和债权融资之外，IPO 融资也是一个十分重要的途径。通过 IPO 融资登陆资本市场是中小型企业获得生存发展，提升企业价值的重要路径。公司上市是对公司管理水平、发展前景、营利能力的有力证明。

企业上市后，能参与分享很多资本市场的红利，获得更多的市场资源，但由于上市公司属于公众公司，一举一动牵涉大量投资人的利益，因此上市公司要严格按照公司法、证券法等相关法律法规的要求规范运营，完善法人治理，提高公司运营的透明度，切实履行作为公众公司的信息披露义务，保障投资者平等获取信息的权利，同时上市公司还要积极配合监管部门进行各项检查。需要关注的是，由于上市可以让公司获得大额直接融资，也可以让创始人的财富实现快速增长，因此长期以来，总有少部分企业通过虚假账目、隐瞒欺诈、伪造记录等违法违规方式获得上市地位，还有部分上市公司利用内幕信息，通过操纵市场股价，牟取非法利益。

因为工作关系，笔者接触过很多的企业家，企业达到一定规模时，大部分优秀企业家很关心上市问题。在交流中笔者发现，很多企业家对上市的认知普遍不够全面系统，缺乏上市全系列专业知识，上市价值观较为模糊。比如，有些人对上市后的利益好处期望更多，对责任认知不足；有些人认为上市只需交给投行和中介完成，企业只管有营收利润就行；有些人期待上市获得股份后立马套现离场；有些人对上市规范问题认识不清，存在侥幸心理，不愿意接受辅导过程的整改。另外，笔者和一些上市公司的企业家交流市值管理时也发现，大部分人不了解合规市值管理的内容和方法，难以清晰界定合规市值管理与违规操纵股价的边界，难以厘清企业价值与市值的关系。

为了能够解答企业上市和市值管理的相关问题，笔者撰写《国内企业IPO融资与市值管理》一书。全书在内容安排上共设置七章：第一章作为本书论述的基础，主要阐释国内企业股票分类、股票交易市场、中国证券市场的层次结构、国内板块上市条件与编码；第二章探讨中国企业上市核心事项，内容涉及上市审核制度与发展、企业上市途径、上市关键步骤、企业估值与上市的意义；第三章探讨中国企业募资方式选择，主要包括基于企业上市的自我判断、中国企业境内外上市比较、中国企业境外上市、内地企业在香港上市；第四章基于内部关键人员、外部关键机构、科学选择中介机构三方面解读企业成功上市的关键；第五章分析证券发行核查要素，即善用中介机构、财务尽职调查、法律尽职调查、首发问题与现场检查；第六章和第七章突出实践性，研究企业上市和市值管理实战。

希望本书至少能给读者以下两方面的帮助。

一是本书可以向企业家或相关专业人士全面系统地介绍境内外主流证券市场，全流程阐述上市关键步骤、上市审核的关键要素、发行核查焦点等问题；汇集大量案例诠释上市公司如何规范实施市值管理，把市值管理定义为以实现公司价值和股东价值优化为目的的一整套逻辑和方法。本书还可以成为企业IPO上市和市值管理实战的专业工具书。

二是通过本书让企业家树立正确的上市价值观，企业上市是促进企业快速健康发展的有效途径，进入资本市场之路需彻底摒弃上市圈钱、非法利用内幕信息操纵市值等不良思想，共同营造一个公平公开、充满活力、高效配置优质要素资源的现代资本市场。

什么样的企业才可以基业长青？如何才能让企业发展壮大？如何才能让企业在激烈竞争中持续打胜仗？这是在复杂经济态势和激烈竞争环境下企业家要时刻思考的根本问题，企业家要反复衡量企业的生存发展空间，通过资本市场，获得更多的发展资源，提高抗风险能力，努力构建企业护城河，拓宽其深度和宽度，保持企业的技术和模式的先进性，着力提升企业的价值，实现企业高质量发展。

笔者在撰写本书的过程中，得到了许多专家、学者的帮助和指导，在此表示诚挚的谢意。书中所涉及的内容难免有疏漏和见解偏颇之处，希望各位读者多提宝贵的意见。

侯进平

2023年2月

目录
Contents

第一章　证券交易基础内容

全球经济一体化的进程和资本全球流动的特性，加剧了资产证券化的进程，丰富了资本市场的层次，为企业进入资本市场提供了巨大的灵活性。资本市场，顾名思义就是资本要素或资本形态进行交易的场所。资本市场、货币市场、外汇市场、黄金市场以及其他资产交易市场共同构成了广义的金融市场。

资本市场既包含有形的交易场所，也包含无形的交易场所。其中，股票交易市场是资本市场的重要部分，广义的股票交易既可以在特定的市场内交易，也可以在特定的市场外交易；狭义的股票交易仅指公司通过首次公开发行股票（IPO），在特定证券市场上进行交易流通的行为。本书所讨论的股票交易为狭义的股票交易概念。

第一节　国内企业股票分类

我国公司的股票依据股票的上市地点和面对的投资者不同分为 A 股、B 股、H 股、N 股和 S 股等。这些字母代表不同类型的股票，以字母代称进行股票分类属于历史遗留现状，随着我国股市的进一步发展，股票简称有必要重新命名，并形成系统化的规则。

一、A 股及股票相关知识

A 股，即人民币普通股票，是由中国境内注册公司发行，在境内上市，以人民币标明面值，供境内机构、组织或个人以人民币认购和交易的普通股股票。交易流程如下：

（1）投资者进行上市证券的交易，首先要去证券登记结算机构申请开立证券账户，然后选择一家证券公司作为自己买卖证券的代理人，开立资金账户和办理指定交易。

(2) 交易时间。通常股票交易日为每周一至周五，国家法定节假日除外，交易时间具体规定如下。

① 9：15—9：25 集合竞价 (9：25—9：20 可以申报和撤销；9：20—9：25 可以申报，不可以撤销)。

② 9：30—11：30 前市，连续竞价。

③ 13：00—15：00 后市，连续竞价。

④其他时间交易系统不接受申报单，如 9：25—9：30 不接受申报单和撤单。

⑤在股票停牌期间，交易系统不接受该股票的申报单和撤单。

⑥大宗交易按大宗交易规定时间申报。

(3) 交易单位。股票的交易单位为“股”，100 股称为 1 手，委托买入数量必须为 100 股或其整数倍。仅在委托数量不能全部成交或分红送股时可能出现零股 (不足 1 手的称为零股)，零股只能委托卖出。

二、B 股

B 股仅相对于 A 股而言，A 与 B 均无实际含义，B 股公司的注册地和上市地都在境内，以人民币标价，以外币认购和买卖，在中国境内 (如上海、深圳) 证券交易所上市交易。

三、H 股、N 股和 S 股

H 股，是指公司注册地在内地，上市地在香港 (Hong Kong) 的股票。

N 股，是指公司注册地在境内，上市地在纽约 (New York) 的股票。

S 股，是指公司核心业务在境内，注册地在新加坡或其他地区，在新加坡交易所上市挂牌的股票。

第二节　股票交易市场概述

股票交易就是股票的买卖，股票交易主要有两种形式，一种是通过证券交易所买卖股票，称为场内交易；另一种是不通过证券交易所买卖股票，称为场外交易。大部分股票都是在证券交易所内买卖，证券交易所就是常说的股票交易市场。

一、股票交易市场的意义

股票交易市场包含了股票流通的一切活动，交易市场的效率高低对经济发展意义重大。首先，股票交易市场的存在和发展不仅为股票发行者创造了筹措资金的环境，也为投资人提供了投资选择。交易市场资本流通越顺畅，资本的使用效益就越高。其次，股票交易市场的价格波动灵敏地反映了资金供求、市场供求、行业前景和政治形势变化，是进行经济预测和分析的重要指标。最后，股权的转移和股价的涨落是企业经营状况的显示器，有助于企业提前预见风险和机遇，提升经营管理能力。

国内主要的证券交易所为上海证券交易所、深圳证券交易所、北京证券交易所和香港联合交易所，证券交易所对于股票流通市场具有重要的作用。

二、股票交易市场分类

一级市场（Primary Market），也称发行市场（Issuance Market），是指公司直接或通过中介机构向投资者出售新发行的股票的市场。所谓新发行的股票包括初次发行和再发行的股票，前者是公司第一次向投资者出售的原始股，后者是在原始股的基础上增加新的份额。

二级市场（Secondary Market），也称交易市场，是投资者之间买卖已发行股票的场所。二级市场为股票创造流动性，投资人通过二级市场能够即时判断投资盈亏，实现股票与资金之间的转换，这种即时转换使股市充满了神秘感。

场外交易（Over-The-Counter ，OTC），也称柜台交易，是相对于证券交易所交易而言的，凡是在证券交易所之外的股票交易活动都可称作场外交易。

三、国外交易市场列举

第二次世界大战以后，随着世界经济的发展和国民经济生活的日益国际化，世界股票交易发展迅速，股票市场也十分活跃。一个国家的股市通常由一个或几个股票交易所组成。股票交易市场是经济发展的产物，目前多个国家建立了股票市场，其中美国、加拿大、英国、日本和新加坡的股票市场相对完善。

（一）纽约证券交易所（NYSE）

纽约证券交易所成立于1792年，历史较为悠久，位于美国纽约州纽约市百老汇大街18号，在华尔街的拐角南侧，200多年来纽约证券交易所对美国经济的发展、社会化大生产的顺利进行和现代市场经济体制的构建起到了举足轻重的作用。由于纽约证券交易所市场较成熟，上市条件也较为严格，没有盈利就想上市筹资的公司是无法进入的。

（二）纳斯达克证券交易所（NASDAQ）

纳斯达克证券交易所于1971年2月8日创建，是美国全国证券交易协会为了规范场外交易和为中小企业提供融资而创建的平台。纳斯达克证券交易所拥有各种各样的做市商，是世界第一家电子证券交易市场。

（三）多伦多证券交易所（TSE）

多伦多证券交易所（Toronto Stock Exchange，TSE）于1852年成立，至今已有100多年的历史。在该交易所上市的公司种类繁多，主要是加拿大和美国的公司。交易所的总部设在多伦多，多伦多位于加拿大东部，是安大略省首府，也是加拿大第一大城市，重要港口，全国金融、商业、工业、文化中心。多伦多股票交易所（TSE）是加拿大的主要股票交易所（主板）。

（四）加拿大风险资本交易所（CDNX）

加拿大风险资本交易所（Canadian Venture Exchange，CDNX）是由前温哥华证券交易所和阿尔伯塔证券交易所在1999年11月29日合并而成的，是世界上第一家也是目前唯一一家将“风险”二字作为名字的股票交易所。

（五）伦敦证券交易所（LSE）

伦敦证券交易所（London Stock Exchange，LSE），是世界四大证券交易所之一，成立于1773年，位于英国伦敦，使用英镑认购和交易，其重要指数有FTSE100（富时100指数）、FTSE250（富时250指数）、FTSE350（富时350指数）。

（六）日本东京证券交易所（TSE）

日本东京证券交易所（Tokyo Stock Exchange，TSE）于1878年5月15日创立，创立时的名称为东京股票交易所，1946年因为被美军占领而解散。1949年1月，美国同意东京证券交易所重新开业。随着日本战后经济的恢复和发展，东京证券交易所也发展繁荣起来。

（七）新加坡证券交易所（SGX）

新加坡证券交易所（Singapore Exchange Limited，SGX），成立于1973年5月24日，是发展中国家和地区中比较有代表性的证券市场。

第三节　中国证券市场结构

随着社会经济的不断发展，我国资本市场不断完善，目前建立了主板市场、创业板市场、中小企业板市场、新三板市场、科创板市场，形成了交易所市场内的不同市场层次，分别简称为主板、创业板、中小板、新三板、科创板。

一、主板市场

主板是指以传统产业为主的上市公司股票的交易板块，是一个国家或地区证券发行、上市及交易的主要场所，又称“第一板上市”。

主板市场中的上市公司基本上都是大型企业，企业基础和盈利情况较好，市场流通股数相对较多，股票盘子较大，大部分都属于大盘股。主板股票对股票市场有较大的影响，主板上市公司的股价上涨，有可能带动股市整体上涨。反之，主板市场股价出现大幅度下跌，大概率会导致股市规模性下跌调整。因此，主板市场是整体股市的稳定器。

二、创业板市场

创业板，又称“二板市场”(Second-board Market)，即第二股票交易市场，是与主板市场(Main-Board Market)不同的一类证券市场，创业板是主板市场的重要补充，在资本市场中占有重要的位置。创业板是孵化创业型、中小型企业的摇篮，是专为暂时无法在主板市场上市的创业型企业提供融资途径和成长空间的证券交易市场。创业板市场相比主板市场有门槛低、风险大、监管严的特点。

2009年10月23日，中国创业板举行开板启动仪式。2009年10月30日，中国创业板正式上市。

三、中小板市场

中小板即中小企业板，是相对于主板市场而言的，是创业板的一种过渡形式。由于有些企业的条件达不到主板市场的要求，又需要融资发展，所以开设了中小板市场上市。中国中小板市场的股票在深圳证券交易所(以下简称深交所)挂牌交易。

2004年5月，经国务院批准、中国证监会批复同意，深交所在主板市场内设立中小企业板。2021年4月，经中国证监会批准，深交所主板和中小板合并，主板与中小板的合并遵从“两个统一、四个不变”(统一业务规则、统一运行监管模式，保持发行上市条件不变、投资者门槛不变、交易机制不变、证券代码及简称不变)原则。深交所主板与中小板合并意义重大，给投资者进行投资提供了更多的便利，有利于进一步促进资本市场的发展。

四、新三板市场

新三板是全国中小企业股份转让系统的俗称，是经国务院批准，依据证券法设立的继上交所、深交所之后第三家全国性证券交易场所，其主要服务于全国中小微型企业，是全国性的非上市股份有限公司股权交易平台。

2021 年 9 月 3 日，北京证券交易所成立（以下简称北交所）。设立北交所的特定目标为新三板企业提供了更加开放的交易机会。

五、科创板市场

科创板，是由习近平总书记于 2018 年 11 月 5 日在首届中国国际进口博览会开幕式上宣布设立的，是独立于现有主板市场的新设板块，并在该板块内进行注册制试点。

《关于在上海证券交易所设立科创板并试点注册制的实施意见》强调，新设科创板坚持面向世界科技前沿、面向经济主战场、面向国家重大需求，主要服务于符合国家战略、突破关键核心技术、市场认可度高的科技创新企业。重点支持新一代信息技术、高端装备、新材料、新能源、节能环保以及生物医药等高新技术产业和战略性新兴产业，推动互联网、大数据、云计算、人工智能和制造业深度融合，引领中高端消费，推动质量变革、效率变革、动力变革。

六、股市及代码

（一）沪市

A 股主板代码是以“60”开头，B 股代码是以“900”开头，新股申购的代码是以“730”开头，配股代码是以“700”开头，科创板代码是以“688”开头。

（二）深市

A 股主板代码是以“000”“001”开头，B 股代码是以“200”开头，新股申购的代码是以“00”开头，配股代码是以“080”开头，中小板股票是以“002”“003”开头，创业板股票是以“300”开头。

（三）京市

北交所的股票代码是以“8”开头。其中，以“82”开头的股票为优先股票，以“83”和“87”开头的股票为普通股票，以“88”开头的股票为公开发行的股票。

（四）其他

以“S”开头的表示未进行股改的股票；以“ST”开头的表示连续两年股东收益为负，被进行特别处理的股票；以“*ST”开头的表示有退市风险；以“XD”开头的，表示该股票当日进行除息。新三板挂牌的股票代码一般是以“400”“430”“830”开头的。

第二章　企业上市核心事项

第一节　上市监管制度

公司上市是指股份有限公司所发行的股票经过证券管理部门批准，在证券交易所上市交易的经济行为。企业第一次向公众公开出售股份称为首次公开募股（Initial Public Offering，IPO）。

一、股票发行监管制度

股票发行监管制度主要有审批制、核准制和注册制三种，每一种发行监管制度与一定的市场发展状况相对应。其中，审批制是计划经济体制下的股票发行监管制度，核准制是从审批制向注册制过渡的中间形式，注册制则是目前成熟资本市场普遍采用的发行监管制度。股票发行监管制度的选择对是否能成功完成公开募股有着重要影响。

（一）审批制

审批制是指公司股票申请上市须经过审批的证券发行监管制度，是拟发行公司在申请公开发行股票时，要经过地方政府或中央企业主管部门，向所属证券管理部门提出发行股票申请，经证券管理部门受理，审核同意转报证券监管机构核准发行额度后，按规定程序发行证券的监管制度。

（二）核准制

证券发行核准制遵循实质管理原则，即证券的发行不仅要以企业真实状况的充分公开为条件，还必须符合证券管理机构制定的实质性发行条件。符合条件的发行公司，经证券管理机关批准后方可取得发行资格，在证券市场发行证券。核准制度的目的是禁止质量差的公司公开发行证券，损害公众利益。

（三）注册制

证券发行的注册制又叫“申报制”或“形式审查制”，是指政府对发行人发行证券事先不做实质性审查，仅对申请文件进行形式审查，发行者在申报申请文件以后的一定时期内，若没有被政府否定，即可公开发行证券。

二、中国 IPO 监管演进

（一）证券发行审批制阶段

1990 年至 1991 年上海证券交易所与深圳证券交易所相继成立，1992 年 10 月国务院证券委员会和中国证券监督管理委员会成立，上述机构的成立标志着中国证券市场统一监管体制开始形成。当时我国资本市场处于初级阶段，《中华人民共和国证券法》尚未颁布，我国证券发行实行严格的计划管理，即审批制。审批制规定企业发行股票要纳入国家投资规模及信贷规模管理，需经中国人民银行的严格审批，并且企业发行股票主要限制在深圳、上海两个交易所。

（二）证券发行核准制阶段

1998 年《中华人民共和国证券法》颁布施行后，我国对股票发行采取核准制。发行人在申请发行股票时，不仅要充分公开企业的真实情况，而且必须符合有关法律和证券监管机构规定的必要条件，证券监管机构有权否决不符合规定条件的股票发行申请。证券监管机构既对申报文件的全面性、准确性、真实性和及时性进行审查，又对发行人的营业性质、财务状况、经营能力、发展前景、发行数量和发行价格等信息进行实质性审查，并据此作出发行人是否符合发行条件的判断和是否核准申请的决定。

（三）保荐人制度阶段

2004 年 2 月 1 日起，我国开始推行核准制下的保荐人制度。这一制度强化了保荐人对发行人的监督责任。在上市申报环节，保荐人（券商）需对发行人发行证券进行推荐和辅导，并核实公司发行文件中所载资料是否真实、准确、完整；上市后，保荐人需协助发行人建立严格的信息披露制度，承担风险防范责任，并对上市公司的信息披露负有连带责任。另外，保荐人还需督促公司遵守上市规定，完成招股计划书中的承诺事项。

(四) 证券发行注册制阶段

注册制改革是中国资本市场改革的方向，2020 年 4 月 27 日，中央全面深化改革委员会审议并通过《创业板改革并试点注册制总体实施方案》，这是中国资本市场深刻变革的重要标志。

2020 年 6 月 12 日，中国证券监督管理委员会（以下简称中国证监会）发布《创业板首次公开发行股票注册管理办法（试行）》《创业板上市公司证券发行注册管理办法（试行）》《创业板上市公司持续监管办法（试行）》《证券发行上市保荐业务管理办法》。同时，中国证监会、深交所、中国结算、证券业协会等发布相关配套规则。自此，创业板改革和注册制试点正式拉开序幕。

2023 年 2 月 17 日，中国证监会结合科创板、创业板和北交所试点经验，发布了《全面实行股票发行注册制相关制度规则》，证券交易所、全国股转公司、中国结算、中证金融、证券业协会配套制度规则同步发布实施。《全面实行股票发行注册制相关制度规则》的发布实施标志着注册制的制度安排基本定型，标志着注册制在中国资本市场的全面推行。

第二节　上市途径安排

我国的全球化战略和资本的全球化特性，为国内企业上市融资提供了多种途径和方式。按上市融资资金的来源分为境内上市和境外上市；按上市的方式分为直接上市和间接上市。在企业融资的实际操作过程中，资金来源和上市方式是相互组合的关系，比如采用境内资金直接上市就是我们常说的 A 股上市。

一、上市途径简述

境内直接上市，即证券发行人将公开发行的证券在本国证券交易所挂牌交易的方式。比如，境内企业通过主板、创业板、科创板发行股票募集资金。

境内买壳上市，即非上市公司通过购买境内上市公司的股权取得上市的地位，并将自己的有关业务和资产注入上市公司实现自身上市的方式。

境外直接上市，即直接以境内公司的名义向境外证券主管部门申请登记注册，同时发行股票（或其他衍生金融工具），并向境外证券交易所申请挂牌上市交易的行为。

境外间接上市，即境内企业境外注册公司，境外公司以收购、股权置换等方式取得境内资产的控制权，并通过境外公司所在地证券交易所申请挂牌上市交易的行为，如红筹股、境内权益方式。

境外买壳上市，即境内公司通过购买境外上市公司的股权取得上市地位，境外上市公司再通过股权控制或协议控制实现境内公司业务和资产上市的过程，如 RTO 等。

存托凭证上市，是指在一国证券市场流通的代表外国公司有价证券的可转让凭证，由存托人签发，以境外证券为基础在境内发行，代表境外基础证券权益的证券（如欧洲伦交所、瑞交所 GDR）。

二、A 股上市概括

我国涉及企业上市相关的基础性法律法规包括《中华人民共和国公司法》《中华人民共和国证券法》《上海证券交易所股票上市规则》《深圳证券交易所 股票上市规则》《深圳证券交易所创业板股票上市规则》等。其中《首次公开发行股票并上市管理办法》和《首次公开发行股票并在创业板上市管理暂行办法》两部法规对企业上市进行了详细规定。基于上述法规，现将企业上市的基本条件概括如下：

(1) 依法设立且合法存续的股份有限公司。

(2) 生产经营符合法律法规、公司章程的规定，符合国家产业政策。

(3) 有完整的业务体系和直接面向市场独立经营的能力。

(4) 资产完整、人员独立、财务独立、机构独立、业务独立。

(5) 规范运行、内部控制制度健全。

第三节　上市关键步骤

公司发展过程如计划通过公开发行股票募集资金，就需要企业按上市募资标准提前准备。企业上市前准备包括搭建股权架构、设置管理机构、建立各类制度等诸多事项，其中资产重组、股份制改造、制度设计是企业上市的关键步骤。

一、资产重组

资产重组不但要调整资产结构，还要调整负债结构。资产重组的核心原则如下。

一是独立原则，包括业务独立、资产独立、财务独立、人员独立、机构独立。

二是主业突出原则，包括三年内主业没有发生重大变化，至少有一个绝对优势业务占主营业务收入的50%。

二、股份制改造

企业进行股份制改造，主要有三部分重要内容。

一是目标股本总额、股份结构均要符合公司法、证券法的要求。例如，发起人持股比例不能太高，持股比例过高可能导致上市失败。

二是通过股份调整形成合作共赢的利益共同体，如引入风险投资、员工持股平台等。

三是规范运作。这是股份制改造阶段必须遵守的原则。比如，发起人的资格和人数、股份有限公司要求的治理结构、发起人股本和认缴方式等要符合公司法及涉及公司上市募资的相关规定。

三、制度设计

制度设计是企业上市前必做的工作，主要内容如下。

一是内部控制制度。在企业内部控制制度中，管理控制制度和财务控制制度是内部控制制度的核心，体现了部门权责、职位权责、财务业务权限等内容，好的内部控制制度是企业健康发展的核心。

二是公司治理制度。公司治理制度是指公司作为一个独立的法人实体，为维护股东、公司债权人以及社会公共利益，保证公司正常有效经营，以股权为基础建立起来的，由法律和公司章程进行约束的有关公司组织机构之间权力分配与制衡的制度体系。

三是股权激励制度。股权激励是利益相关方共享企业成长红利的一种长期利益分配机制。制定股权激励制度时，要考虑授予价格、激励条件、激励有效期、激励对象、授予数量、股份来源等内容。为保证股权激励对关键人员的黏性，实际控制股东通常会以较低价格将相应股份转让给关键人员。

第四节　企业上市估值

市场估值对企业股权融资至关重要，正确估算企业的价值对投资人和企业股东意义重大。过高的估值会损害投资人利益，过低的估值会损害原股东的利益和企业利益，使企业上市失去意义。

一、企业估值原理

企业上市估值受行业属性、公司成长性、财务特性等因素影响，常用的估值方式分为收益折现法和类比法。

收益折现法，是指通过模拟公司未来的经营状况，选择恰当的贴现率与贴现模型，推演公司的市场价值。常用的模型有股利折现模型（DDM）、现金流贴现模型（DCF）等。

类比法，是指参考同类公司的指标，再结合新公司的财务指标对公司进行估值。主要参考指标有市盈率（P/E，即股价 / 每股收益）、市净率（P/B，即股价 / 每股净资产）、市值 / 销售收入（P/S）、市值 / 现金流（P/C）等。

二、上市估值意义

一是突破现有资源制约，谋求企业持续发展的资源。

二是通过外部市场对公司价值的动态评估，促进股东财富持续增值。

三是增强员工与公司的联系，促进人才稳定。

四是拓宽融资渠道，为跨越式发展奠定基础。

第三章　企业募资方式选择

第一节　企业上市的自我判断

企业上市是企业内外部信息交互的过程，是对企业总体协同能力的考验。《孙子兵法·谋攻篇》中说："知己知彼，百战不殆；不知彼而知己，一胜一负；不知彼不知己，每战必殆。"

企业要不要上市，在哪里上市？是企业管理者需要深入思考的问题。企业走什么样的发展道路？企业管理者最终想让企业成为什么样的企业？股东财富准备以什么样的形式实现？这些都是企业上市前需要考虑的，只有思考清楚上述底层逻辑，才能做出最优选择。

如果企业通过分析发现借助资本市场上市融资有利于增加企业和股东利益，则应把上市融资事项作为企业发展的战略事项对待。提前了解各国和地区（如美国、中国以及中国香港地区等）企业上市政策，是企业筹备上市的必备功课。

第二节　企业境内外上市分析

选择境内或境外上市，在制度、实际操作和效果方面都有很大的不同。境内上市和境外上市的对比分析如下。

一是制度方面。境外发达地区资本市场较为成熟，采用备案制，审核程序简化。

二是审核时间。境内上市从上交资料到初审需要的时间长，且后续补充审查时间不可控；境外上市时间则相对较短，通常 4～6 个月便可完成从上交资料到挂牌的全过程。

三是成功概率。由于资本市场监管差异，企业境外上市审核相对境内、上市宽松。

四是锁定期。境内对上市公司大股东及其一致行动人锁定时间和条件相对境外较严格。

五是复杂程度。境外上市相对比较复杂，需通过红筹架构实现，涉及国内外监管机构和高昂的中介费用、税收费用等支出。

六是调控机制。境内偏向政府主导模式，审核严格，入门难，上市后的监管相对宽松；境外偏向市场主导模式，企业上市容易，但上市后的监管和处罚严苛。

企业境内上市和境外上市差异对比仅限于现阶段的常规情况，并非境外上市就一定简单、高效、容易通过。企业选择上市地主要受企业自身条件，外部政治、经济环境影响。因此，充分分析境内外上市条件对融资金额、企业估值、股东变现等事项影响重大。

第三节　中国企业在境外上市

境外上市是指国内股份有限公司向境外投资者发行股票，并在境外证券交易所进行股票公开交易的行为。我国企业境外上市有直接上市与间接上市两种模式。现阶段，境外上市具有审批程序相对简单、可流通股范围广、股权运作方便、存在税务豁免等优势。

一、境外上市分析

（一）企业境外上市带来的机遇

1. 允许同股不同权结构

在国内上市的公司要严格遵守同股同权的条例，而在境外，如美国允许上市的公司存在同股不同权的情况。同股不同权称作“双层股权结构”，即资本结构中包含两类或多类不同投票权的普通股架构，其也被称为“AB股结构”。一般B类股由管理层持有，管理层普遍为创始股东及其团队，而

A 类股一般为外围股东持有，此类股东看好公司前景，因而甘愿牺牲一定的表决权作为入股筹码。这种结构有利于成长型企业直接利用股权融资，避免创始团队丧失公司话语权，从而保障企业稳定发展，如在境外上市的百度、阿里、京东等均为“AB 股结构”。

2. 上市门槛低且速度快

境外交易所通常对企业上市设定的门槛较低，尤其是境外创业板对于中小创新型企业设置的上市条件相当宽松。另外，境外市场发行股票一般采取注册制，申请程序简单、周期短。例如，新加坡一般能在 4 个月内完成审批手续，韩国则为 3 个月，美国纳斯达克仅为 2 个月。

3. 市场和投资者相对成熟

境外资本市场以机构投资者为主，投资理念较为成熟，且能快速理解创新型企业的业务模式。企业在这样的市场发行股票，既容易被投资者接受，又能取得较好的融资效果。

4. 市场约束机制有助于企业成长

企业在境外发行股票后，会面临国际机构投资者和市场机制的监督，这些监督有利于企业自身治理结构和管理水平的提高。因此，在境外上市的公司需在管理水平、资金运用效率和企业发展规划等方面取得实质性的提高，否则，很难获得资本市场的长期认可。

5. 国际声誉和境外机会

企业在境外交易所上市往往会形成较好的国际声誉，便于企业吸引高质量的投资者，获得丰富的国际合作资源。同时，国际知名度的提升和来自各方面的合作机会，还能为企业提供长期发展的契机。

(二) 企业境外上市面临的问题

1. 发行成本较高

境内企业境外发行股票会面临发行价格和发行费用两方面的问题。发行价格方面，由于境外投资者对国内企业熟悉度不高，不利于国内企业发行股票的定价。发行费用方面，企业在境外上市需聘请实力强、信誉好的国际性中介机构及投行，这些机构的中介费用远高于国内相同机构的收费水平。

2. 上市后维护成本高

企业在境外上市会存在巨大的语言、文化和法律壁垒。比如，不熟悉境外资本市场的运作方式、与投资者信息沟通不畅、无法使国外投资者充分了解企业等，都会导致企业上市后维护成本的增加。另外，境外法规的变动和政治因素也会增加企业的额外成本。

3. 与本土市场的脱节

境外上市会使企业把更多的精力放在海外资本市场，忽略本土资本市场，甚至出现与本土市场脱节的现象。例如，企业无法有效地与本土经济体进行互动，影响企业在本土经济中做大做强。

4. 受国际政治影响

国际经济与国际政治如影随形，我国公司在境外上市必然受到国际政治的影响。比如，在中美贸易战的背景下，美国证券交易委员会（SEC）在2022 年 3 月 10 日发布了一份“预摘牌名单”，称根据美国《外国公司问责法》认定部分中国公司存在退市风险。

二、境外上市模式

（一）境外直接上市

境外直接上市通常采用 IPO 方式进行，即直接以国内公司的名义向国外证券主管部门登记注册发行股票或衍生金融工具，在当地证券交易所申请挂牌上市交易的行为，如通过 H 股（中国香港）、N 股（纽约）、S 股（新加坡）直接发行股票。

（二）境外间接上市

境外间接上市又称“造壳上市”或“买壳上市”，是指国内企业借助境外公司，用境外企业身份实现在境外上市目标的行为。其主要模式有买壳上市、分拆上市、控股公司上市等。

买壳上市，是指国内拟在境外上市的企业，通过收购境外上市公司进行境外融资的模式。

分拆上市，是指拟上市的国内公司将国内业务分拆，在境外重组公司，申请境外上市，从而达到部分上市的目的。

控股公司上市，是指境外公司兼并收购境内企业，归并股权，在境外设立控股公司上市募资的模式。

SPAC 并购上市，SPAC（Special Purpose Acquisition Company）是帮助公司借壳上市的金融工具，即指特殊目的收购公司，类似实现上市的 PE 基金壳公司，发行人通过 SPAC IPO 募集资金后即挂牌上市，变成了一个只有现金而没有实际业务的壳公司。后续 SPAC 将会在 36 个月内收购一家有前景的未上市公司，拟收购的目标公司与 SPAC 合并后即可实现借壳上市，这是一种创新式的借壳上市方式，是近几年美国证券市场的主流上市模式。目前，美国证券市场超过 60% 的 IPO 是通过 SPAC 方式实现的。香港交易所于 2022 年 3 月批准了首家 SPAC 上市公司。

（三）常见的 VIE 结构分析

1. VIE 的概念

VIE（Variable Interest Entity），即可变利益实体，又称"协议控制"，是指境外上市实体与境内运营实体相分离，境外上市实体在境内设立全资子公司，但该全资子公司并不实际开展主营业务，而是通过协议的方式控制境内运营实体的业务和财务，使该运营实体成为上市实体的可变利益实体。

2. VIE 的起因

2006 年，商务部等六部委令第 10 号《关于外国投资者并购境内企业的规定》，以及《外商投资行业指导目录（2007 年修订版）》等法规对外资企业的限制，促使 VIE 结构产生。

3. 协议控制模式

协议控制模式一般由三部分组成，即境外上市主体、境内外资公司（Foreign Invested Enterprise，FIE）和持牌公司（外资受限业务牌照持有者）。在该模式中，境内外资公司和持牌公司通常签署五六个协议来达成控制与被控制的关系，主要包括以下内容。

（1）资产运营控制协议，即境内外资公司实质控制目标公司的资产和运营。

（2）借款合同，即境内外资公司贷款给目标公司股东，股东以其股权质押。

（3）股权质押协议，即目标公司股东将股权质押给境内外资。

（4）认股选择权协议，即当法律政策允许外资进入目标公司所在领域时，境内外资公司可提出收购目标公司的股权，成为控股股东。

（5）投票权协议，即境内外资公司可实际控制公司董事会的决策或直接向董事会派员。

（6）独家服务协议，即规定公司实际业务运营所需的知识产权、服务均由境内外资公司提供，目标公司的利润以服务费、特许权使用费等方式支付给境内外资公司。

4. 实现 VIE 的步骤

（1）国内个人股东设立离岸公司和 SPV（Special Purpose Vehicle）公司。

（2）境外公司作为上市主体，如在英属开曼群岛成立公司作为上市主体。

（3）在英属开曼群岛成立的开曼公司在境内设立 WFOE（Wholly Foreign Owned Enterprise）公司。

（4）WFOE 公司与内资公司签订协议。

5. BVI 公司和开曼公司的成因

（1）BVI 公司就是注册地在英属维尔京群岛的公司，开曼公司就是注册地在英属开曼群岛的公司。

（2）开曼公司的公众认可度比 BVI 公司高，有利于公司成功上市。

（3）BVI 避税政策比开曼更宽松，更适合以避税为主要目的的公司。

（4）中国香港和美国都接受在开曼群岛注册的公司上市，我国企业选开曼群岛注册上市主体，操作灵活度大。

（5）历史经验的新浪结构，让 BVI-Cayman 的配套架构被中国拟海外曲线上市企业普遍认可。

第四节　内地企业在香港上市

内地企业在香港上市可选择直接上市和曲线上市两种途径。前者以中国公司身份上市，俗称 H 股上市；后者以境外（百慕大、开曼群岛、中国香港）注册公司身份上市，俗称红筹股上市。通过这两种形式在中国香港联合交易所（以下简称香港联交所）上市交易的股票统称为港股。

香港特别行政区的股票市场成熟、理性，对世界的行情反应灵敏。如果国内的股票同时在内地和香港上市形成“A+H”的模式，则可参考香港股市的情况来判断A股的走势。

一、香港上市分析

（一）赴港上市的优势

1. 上市成功率高

（1）香港资本市场市场化程度高，上市过程较短，程序便捷，较容易获得审批，可预期性强。

（2）香港市场的政策相对清晰，企业能否上市成功，基本可以预先做出判断，确定性较强。

（3）香港上市的门槛较低，条件更加灵活。例如，香港联交所没有连续3年盈利的规定，控股公司也能上市等。

（4）香港资本市场实行注册制，对企业能否上市，交易所仅做形式性审核。

2. 时间可控

公司在香港上市有一套明确规范的程序，时间可控性很高，一般6～12个月就可以完成上市的过程。上市时间可控意味着企业可以更好地把握上市时机。

3. 募资便利

在香港上市无论以直接融资（如发行新股或债券等）、间接融资（如银行借贷）或以增发新股筹集资金，皆可通过资本市场进行。资金供应充盈、法制完备、富专业性、市场人为干预少。

4. 发行价没有限制，股权转让便利

企业在香港市场的融资规模由市场决定，发行价没有任何市盈率限制。另外，企业在香港上市时发起人的股份锁定期较短。

5. 后续再融资便利

在香港上市 6 个月之后，上市发行人每年通过股东会授权就可以按需要及市场状况进行增发融资。

6. 股票二手市场流通性较佳

香港股票市场是全球较为活跃的股票二手市场，且企业首发后再融资手续简便，流通性好。

7. 有利于扩大国际影响力

在香港上市有利于提高公司在国际上的知名度和企业形象，扩大企业品牌的国际影响力；有利于企业打开国际市场，让更多的潜在客户了解公司及其产品，建立信任度，为公司各项业务开展带来便利。

8. 建立国际化运营平台

在香港上市有助于内地发行人建立国际化运作平台，实施“走出去”战略。这主要表现在以下方面。

（1）香港没有外汇管制，资金流出流入不受限制；香港税率低、基础设施完善、机构高效。

（2）内地发行人可以汲取海外企业在管理、营运及市场开拓方面的经验，为企业进军海外市场搭建平台，让首次募资及再融资变得较为容易。

（3）便于内地企业获得海外国际性投资者。

（二）香港上市的不足之处

在香港上市的不足之处主要表现在以下三个方面：一是未来股权转让或其他企业行为，受国内法规的牵制较多；二是将企业的权益进行重组，程序复杂，花费成本大；三是发行上市地远离企业，投资人对企业感知弱，影响估值。

二、香港上市途径

（一）H 股上市

H 股是指公司注册地在内地，向境外投资者募集股份，上市地在中国香港的股票。H 股上市适用中国的法律和会计制度，向香港投资者发行股票。

H股上市企业在香港发行的股票可以在香港证券市场流通，而企业的其他股票并不能在香港证券市场流通。H股公司向境外股东支付的股利及其他款项必须以人民币计价，以外币支付。内地企业在香港发行H股上市应当按照中国证监会的要求提出书面申请并附有关材料，报经中国证监会批准。中国证监会对H股创业板上市的基本原则是“成熟一家，批准一家”。基本条件是：股份公司应依法设立并规范运作；公司及主要发起人符合国家有关法规和政策，在最近两年内没有重大违法、违规行为；凡有国有股权的公司必须经国有资产管理部门的批准；科技部认证的高新技术企业优先；要符合香港创业板的上市规则。

（二）红筹股上市

红筹股是指最大控股权直接或间接隶属于中国内地有关部门或企业，并在香港联合交易所上市的公司所发行的股票。红筹股上市适用注册地的法律和会计制度，按照香港证券市场的上市规则和上市要求向香港联交所提出股票上市申请。在香港主板市场的红筹股主要以国有大中型企业为主，创业板红筹股则以国内科技型民营企业为主。红筹股已经成了除H股、N股外，内地企业进入国际资本市场筹资的重要渠道。

（三）买壳上市

买壳上市是指非上市公司通过证券市场购买一家上市公司一定比例的股权，取得该上市公司的控股地位，然后通过“反向收购”的方式注入自己的有关业务及资产，实现间接上市的目的。买壳上市一般要经过两个步骤。

1. 股权转让

买壳公司通过在股市中寻找那些经营发生困难的公司，购买其一部分股权，从而达到控制该企业决策的目的。购买上市公司的股权，一般分为两种。

（1）购买未上市流通的国有股或法人股，这种方式购买成本较低，但是存在许多障碍：一方面是原持有人是否同意，另一方面是这类转让要经过政府部门的批准。

（2）在股票市场上直接购买上市公司的股票，这种方式适合于那些流通股占总股本比例较高的公司。但是这种方法成本较高，因为一旦开始在二级市场上收购上市公司的股票，必然引起公司股票价格的上涨，从而造成收购成本的上涨。

2. 资产置换

资产置换，即换壳。将壳公司原有的不良资产卖出，将优质资产注入壳公司，使壳公司的业绩发生根本转变，从而使壳公司达到配股资格。如果公司的业绩保持较高水平，公司就能以较高的配股价格在股票市场上募集资金。

（四）造壳上市

造壳上市是指内地企业在海外证券交易所允许的国家或地区，如百慕大、开曼群岛、英属维尔京群岛等地，独资或合资重新注册一家中资公司的控股公司，控股境内资产，而境内则成立相应的外商控股公司，并将相应比例的权益及利润并入境外公司，进而达到以境外控股公司为上市主体申请上市的目的。

（五）SPAC 上市

境内拟上市公司条件成熟时，可以通过中介机构与香港 SPAC 发行人协商，议定收购对价、上市治理模式等核心要素，与 SPAC 公司合并后即可实现借壳上市。

三、港股上市架构

（一）H 股架构

H 股架构指中国境内的股份公司，直接向香港联交所申请发行境外上市外资股股票，并在香港联交所上市交易的境外上市模式。

H 股架构只需要境内公司将主体资格改制为股份有限公司，不需要搭建海外红筹构架，在重组方式上较为简便。相应地，H 股公司在上市、融资等各方面需要同时受到中国证监会、香港联交所和香港证监会的审核监管。

（二）红筹架构

红筹架构是指中国境内企业的股东（包括境内自然人和境内企业）在境外设立控股公司，通过股权控制或协议控制的方式，将中国境内企业的资产或权益注入境外控股公司，以境外控股公司为上市主体，在境外证券交易所公开发行股票并上市的模式。

红筹架构的法律基础主要为《中华人民共和国公司法》《中华人民共和国证券法》《中华人民共和国民法典》《中华人民共和国外商投资法》等。

在境外上市的内地企业中，大部分采用的都是红筹架构，红筹架构通常分为大红筹和小红筹。

大红筹是指境内公司或机构（通常为国资背景企业在海外成立控股公司）把境内的经营性主体变成境外控股公司的子公司，通过境外控股公司进行融资或完成上市的操作模式。大红筹适用于《国务院关于进一步加强在境外发行股票和上市管理的通知》（国发〔1997〕21号）的规定，会涉及中国证监会审批。

小红筹是指境内自然人在海外成立控股公司（由境内自然人控制），把境内的经营性主体变成境外控股公司的子公司或变成可变利益实体（VIE），通过境外控股公司进行融资或完成上市的操作模式，小红筹的主体一般为民营企业。

小红筹常规架构及说明：①实际控制人股东结构通常与境内主营业务公司股权结构保持一致，也可安排亲友代持离岸公司股权。② BVI 公司 1，设立程序简单、费用不高、隐私性好，是通常的选择。③开曼公司（上市主体），相对 BVI 公司更加规范，容易被证券市场接受。④ BVI 公司 2，可以根据实际需要选择是否设立。⑤香港公司，中国企业通过海外间接上市，通常会把最后一层设置在中国香港。因为设立香港公司可降低分红等相关的税费。⑥ WFOE 模式，是将境内实体公司的利润转移至上市公司（开曼公司）的桥梁。⑦境内实际业务主体，通过与 WFOE 公司签订一系列 VIE 协议将经营利润转移给境外上市公司（见图 1）。

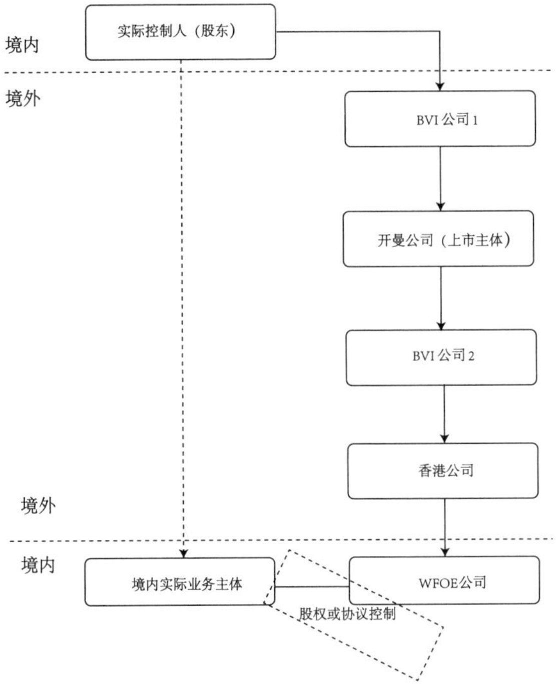
境内
实际控制人（股东）
境外
BVI公司1
开曼公司（上市主体）
BVI公司2
香港公司
境外
境内
境内实际业务主体
WFOE公司
股权或协议控制

图1　小红筹常规架构图

第四章　上市关键角色整合

第一节　内部关键人员

企业上市是个严谨、系统的工程，稍有不慎就会带来资源成本和时间成本的浪费，甚至会因上市失败给企业带来致命的伤害。对于企业上市，企业负责人和财务负责人起着至关重要的作用。

企业负责人在上市过程中代表的是企业发展的方向和信心，企业负责人要有足够的智慧化解上市过程中的困难，要有足够的决心承担企业上市的规范成本。

财务负责人代表的是企业的业务整合和管理能力，不同的发展时期企业管理的重点不同，在企业运作上市过程中，要充分采纳财务负责人的专业意见，只有这样才能少走弯路。

综上，要保证企业成功上市，企业家在战略层面需思考清楚如下问题。

（1）企业负责人对企业发展的规划是否清晰，上市是不是企业发展的必需途径。

（2）企业负责人本身是否已做好准备，是否意志坚定。

（3）企业上市是法人治理机制问题、财务问题和法律问题的综合梳理，应杜绝道听途说和非专业人员干扰。

（4）企业上市过程所需的财务负责人不是一般意义上的财务人员，而是具备财务、法律、管理、行业知识等综合能力的高级管理人员。

（5）财务负责人应是在企业上市过程中担任过重要角色的人员，这种历练能使拟筹备上市的企业受益。

（6）企业上市是对企业管理体系的梳理，更是对企业内外部资源的整合，是企业自我升华的过程，依法依规是主基调。

（7）上市阶段切勿处处树敌，甚至要主动修复内外部合作关系，避免申报上市的关键时刻出现举报、投诉等不良事件。

第二节　外部关键机构

企业在 IPO 进程中应立足 IPO 对企业长远发展的影响，把 IPO 作为企业规范治理和改善经营的契机，不以短期上市为目的，尤其要避免对企业有害的不切实际的过度包装。好的中介机构不但能协助企业上市，还能帮助企业正确定位和提升公司内部管理水平。股票发行上市涉及的主要中介机构有保荐机构（券商）、会计师事务所、律师事务所、资产评估机构等。

一、中介机构基础知识

（一）证券公司

证券公司（Securities Company）是专门从事有价证券买卖的法人企业，分为证券经营公司和证券登记公司。通常所说的证券公司，是指证券经营公司，即经主管机关批准并到工商行政管理部门领取营业执照后，专门从事证券经营业务的机构。证券公司具有证券交易所的会员资格，可以承销发行、自营买卖或自营兼代理买卖证券。

证券公司的主要业务：证券经纪、证券投资咨询、与证券交易和证券投资活动有关的财务顾问、证券承销与保荐、证券自营、证券资产管理、其他证券业务、并购等。其中，辅导企业上市相关的业务是财务顾问、证券承销与保荐业务。

（二）会计师事务所

会计师事务所（Accounting Firms）是指依法独立承担注册会计师业务的中介服务机构，是由有一定会计专业水平、经考核取得证书的会计师（如中国的注册会计师、美国的执业会计师、英国的特许会计师、日本的公认会计师等）组成，受当事人委托承办有关审计、会计、税务等方面业务的组织。

会计师事务所主要业务：审查企业会计报表，出具审计报告；验证企业资本，出具验资报告；办理企业合并、分立、清算事宜中的审计业务，出具有关报告；基本建设年度财务决算审计；代理记账、会计咨询、税务咨询、管理咨询、会计培训、法律和法规规定的其他业务等。

（三）律师事务所

律师事务所（Law firm）是指中华人民共和国律师执行职务进行业务活动的工作机构。律师事务所在组织上受司法行政机关和律师协会的监督和管理。

律师事务所主要业务：涉及企业法律顾问领域法律业务、民事领域法律业务、刑事领域法律业务、经济领域法律业务、专项法律业务等。其中，经济领域法律业务包含证券、股票、债券、基金的发行和转让，以及为期货交易等证券业务提供法律服务。

（四）资产评估机构

资产评估机构是指组织专业人员依照有关规定和数据资料，按照特定的目的，遵循适当的原则、方法和计价标准，对资产价格进行评定估算的专门机构。

资产评估业务范围：单项资产、整体资产、无形资产、企业价值和项目的评估，以及基于财务报告的评估等。

二、中介机构功能定位

（一）保荐机构（股票承销机构）

发行人首次公开发行股票前，应当聘请证券公司（券商）作为保荐机构对发行人进行辅导。保荐机构负责对公开发行募集文件进行核查和证券发行的主承销工作，并向证监会或证券交易所出具保荐意见。发行人证券上市后，保荐机构应当持续督导发行人履行规范运作、信守承诺、信息披露等义务。

（二）会计师事务所

发行人首次公开发行股票，需聘请具有资质的会计师事务所承担股票发行的审计工作。会计师事务所主要工作包括审计、验资、盈利预测等。

（三）律师事务所

企业股票公开发行上市，必须依法聘请律师事务所担任法律顾问。律师需要对发行上市涉及的法律问题出具法律意见，对股票发行上市相关的文件进行合法性判断。

（四）资产评估机构（如需要评估）

企业在股票发行之前一般需要资产评估机构对公司的某些资产进行评估。资产评估具有严格的程序，整个过程包含申请立项、资产清查、评定估算和出具评估报告。

第三节　协同中介机构

企业上市过程中，对中介机构的选择和管理至关重要，如果中介机构的选择不合适，不但会造成经济损失，还会影响企业决策。除了通过专业的财务负责人管理中介机构外，中介机构自身的能力和与企业的匹配度也尤为重要。

一、怎样选择 IPO 中介机构

（一）门当户对，互为目标客户

中小企业面对“头部品牌”的中介机构，话语权较小，不会得到此类中介机构的充分支持，甚至在资源不足时被“头部品牌”机构忽视。因此，中小企业需平衡中介机构的声誉影响和企业获得的资源支持，选择声誉较为稳定且处于上升期的中介机构会更合适。

（二）深入了解中介机构团队实力

中介机构团队成员的综合能力对企业 IPO 获得成功至关重要。企业要对实际具体执行事务和承担责任的人员情况进行深入了解，并尽可能在合同里敲定签字人员、工作内容、范围、时间及要求等，避免敞口合同，偏听“一面”之词。如果头部中介机构组合水平一般的团队，相比品牌中等的中介机构组合高水平的团队而言，其辅导企业成功上市的概率要低很多。

（三）重视经验，多面考察

中介机构在承揽项目时，多以其过往成功案例作为谈判抓手，对成功或相关的案例过多渲染，对失败案例或业务短板避而不谈，极易让企业做出片面、错误的决策。实际上，成功项目的经验不一定能在本企业复制，失败案例可能更有参考价值。对初步选定的中介机构及其团队负责人，应做详细的背景调查后再行确定，调查的途径有两种：一种是通过中国证监会官网及法定信息披露媒体，查看信用评级及违法违规处罚情况；另一种是通过直接沟通，了解中介机构团队的负责人及签字人员的专业水平、团队工作能力、配合态度等。

二、选择 IPO 中介机构风险分析

（一）中介机构专业的局限性风险

企业上市具有较强的专业性，且工作量大、涉及面广，需要多家专业中介机构的分工与合作。证券公司、会计师事务所、律师事务所三家贯穿整个上市过程，其中证券公司是这些机构的核心。由于各家中介机构以其专业为中心，因此，单一中介机构的意见会局限于本专业领域。

（二）中介机构合作的协同性风险

1. 强势主导风险

筹备上市的企业通常在金融和资本运作方面经验不足。因此，在上市谈判主导权和日常工作质量监督上，容易由中介机构掌控，常常出现企业

出钱出力，中介机构偷工减料的情形。因此，拟 IPO 企业一定要聘请有经验的财务负责人作为企业方代表进行上市运作，高水平的财务负责人对 IPO 的成功往往起着决定性作用。

2. 资源配置风险

IPO 中介机构通常采用“项目制”方式运作，各项目团队有较高的独立性，彼此项目经验、专业程度也有较大差异。通常，中介机构偏向将优质团队和资源分配到较大规模企业，中小企业获得优质团队服务的难度很大。

3. 合作磨合风险

中介机构是辅导企业上市的关键角色，中介机构是否理解企业的业务逻辑，是否愿意为企业投入足够的资源，对企业能否实现成功上市至关重要。实践中，中小企业不仅在选择中介机构上相对被动，在后续合作过程中也容易出现问题，包括中介机构对项目不重视、不能满足企业申报时间要求、不能深入参与企业规范治理、工作效率低下等。

4. 业务误判风险

中介机构是某专业领域的专家，通常从自身专业或机构的角度处理问题，对产业行业知识、企业实际运作知之不深。企业如果缺少能为企业利益全盘考虑的专业人士把关，可能会被中介机构误导作出有损企业长期利益或对企业上市后续推进不利的决策。因为企业长期存在的难题一定与企业所处的生态相关，片面地处理必定留下隐患。

三、选择 IPO 中介机构的误区

（一）品牌误区

中介机构的品牌影响力强，则保障力大，成功率高。中小企业往往盲目相信“头部品牌”，并通过网上排名获取品牌信息，这就很可能忽略自身实际情况聘请排名靠前，但并不符合企业实际需要的中介机构。虽然有些“头部品牌”过会率较高，但不一定适合中小企业。

（二）团队误区

团队误区包括“就近”和“就熟”两方面。“就近”误区是指企业错误地认为中介机构总部在当地就可以安排更优质团队，能快速反应，能保障工作效率以及降低差旅成本，这种方式看似很合理，实则暗藏着很多弊端。因为中介机构在实操中更倾向将优质的驻场团队安排在更受重视且收益丰厚的企业，反而将不乐意出差、能力一般或有特殊情况的人员安排在当地企业，甚至当地团队人员更换频繁，不利于项目的稳定。“就熟”误区是指企业或企业负责人过度依赖朋友推荐，或依赖证券公司推荐。这种情况下，只有推荐人有足够强的专业能力和专业资源，且不存在其他利益安排，才能保证推荐质量；但是，相关机构推荐易造成中介机构之间难以保持独立判断，甚至会联合损害企业利益。

（三）经验误区

中小企业在中介机构选择上，一方面受IPO中介机构营销手段影响，如在承揽项目过程中大力宣传成功案例；另一方面受媒体影响，成功IPO案例常常被媒体报道追捧，难免信息失真。中小企业对过往案例详情知之甚少，对资本市场欠缺专业分辨，过度推崇成功经验，往往会选定不适合自身的中介机构。

四、聘请中介机构后的合作注意事项

（一）信赖中介，但不能被动依赖

企业和中介机构是委托与被委托的关系，双方利益相关但并不完全一致。中介机构更注重项目的短期利益，以全面降低自身风险并快速实现项目收益为目标，而企业则更关注IPO对企业长远发展的影响。中小企业管理者要结合自身实际情况，参考中介机构的专业意见，但不能完全依赖中介机构，否则容易导致决策偏差。

（二）改善治理，但不过度包装

中介机构在IPO过程中“身兼多职”，从委托人立场出发为保障顺利上市，弱化某些不确定的矛盾，可能会对企业进行过度包装，粉饰瑕疵而非解决企业治理和经营的实际问题。实际上，中介机构和企业应把IPO作为企业规范治理和改善经营的契机，避免不切实际的过度包装。

（三）证券公司主导，但不完全放任

证券公司、会计师事务所、律师事务所是企业 IPO 的“三驾马车”，其中证券公司是企业上市过程中的总协调人。证券公司主导、规划、组织和部署上市的总体方案有利于 IPO 的推进。但证券公司可能会因为专业细节问题或自身立场问题，提出不切合企业实际发展需求的意见，这时，企业财务负责人的水平将是企业 IPO 成功与否的关键因素，因为财务负责人是唯一掌握内部和外部信息的专业人员。

企业上市是非常综合的事项，证券公司、会计师事务所、律师事务所、企业财务负责人等的协作配合至关重要。对中小企业而言，财务负责人的专业度直接影响着外部机构与企业信息的交互结果，不恰当的信息流必定造成决策偏差。

因此，在企业运作上市过程中，企业专业人员和关键中介机构能在同一专业水准上对话是确保 IPO 顺利通过的关键。

第五章　证券发行核查要素

第一节　善用中介机构

企业首次发行股票时，中介机构尽职调查工作非常重要，即使管理严谨的企业，中介机构尽职调查也必不可少。因为专业的中介机构除了有深厚的专业知识外，还具有广博的行业信息，这是单一企业无法比拟的，因此，面对中介机构尽职调查，企业必须保持开放且谦逊的态度，只有这样才能充分利用中介机构的资源，强大自身。中介机构固然重要，但如果企业缺乏专业辨识力，也必定会走弯路。要有效利用中介机构，需要明确以下几点。

(1) 中介机构尽职调查与核查将促进企业健康发展。

(2) 中介机构的专业性与信息资源，对企业来说是宝藏。

(3) 中介机构与企业的合作本质是生意合作。

(4) 企业推进上市的工作最终由企业完成。

(5) 企业最了解自身情况，对中介机构开放但不盲从。

(6) 监管部门通过立法压实中介机构责任。

(7) 企业应具备与中介机构对话的专业能力和辨识能力。

中介机构对企业而言，仅是一个生意合作伙伴，客观、独立、公正、透明是其工作的基础。企业具体是什么样的，只有企业自己最清楚。正确地了解自身的情况，不迷信中介机构的权威，也不否定中介机构的能力，利用好中介机构这个工具，是企业成功上市的关键。

第二节　财务尽职调查

财务尽职调查是指会计师通过审阅、分析等专业调查手段，了解目标企业资产负债、内部控制、经营管理的真实情况，充分揭示目标企业面临的重大问题、财务风险、盈利能力、现金流等情况，从而达到预测目标企业未来前景的目的。

财务尽职调查主要基于企业发行的基本条件，从资产归属、收益公允性、证据链的完整性等财务重大问题角度进行，主要包含以下内容。

一、基本情况

（1）公司及其附属公司，设立、历次变更的全部工商登记文件。

（2）有关政府部门对公司设立的批准文件（如涉及），有关政府部门对公司（及其下属子公司）设立及历次变更为外商投资企业的所有批准文件（包括批复及外商投资批准证书）。

（3）公司（及其附属企业）设立时的发起人协议、出资协议、股东协议、合作 / 合资 / 联营合同及其历次变更的修改和补充文件，如涉及实物出资的需提供资产评估报告。

（4）公司股东签署的公司章程（包括但不限于公司设立时的章程、现行有效的章程，以及历次章程的修改和补充文件）。

（5）公司（及其附属企业）的验资报告（包括但不限于设立、历次变更的验资报告）。

（6）公司股东历次转让公司股权的股权转让协议、资金流水、完税证明。

（7）所有与公司增资扩股、减资、股权转让、合并、分立、收购兼并、资产置换、资产剥离、对外投资等重大事件相关的协议 / 合同，与上述重大法律事件相关的政府批准文件或法庭判决。

（8）与公司股权质押相关的合同和（或）批准文件、工商登记备案文件。

（9）公司股东会历次决议和股东会会议记录，公司董事会历次决议和董事会会议记录。

（10）除公司章程外，需提供公司股东之间签订的与公司或公司的经营有关的意向书、备忘录、合同或协议。

（11）公司完整的股权投资结构图，包括各股东及附属公司（包括全资、控股、参股、联营、合作、投资企业等），不具备法人资格的下属企业或部门（包括分公司、营业部、中心等）。结构图应标明控股或参股关系、持股份额、其他持股人名称及持股数量。

（12）政府主管部门向公司及其下属企业核发的全部涉及公司及其下属企业生产经营的许可性文件、特许权或特许经营等许可性文件，公司及其下属企业的所有资质证明文件，高科技企业、国家重点扶持企业证书/批复，政府认定、资助或扶持的其他项目的证书/批复或其他与公司及其下属企业业务相关的证书及奖项。

（13）公司是否存在内部职工持股。如有，需提供相应的批准文件及有关的合同、协议及托管文件等。

（14）公司及其附属公司如存在民办非企业/非营利性转有限公司/营利性的情况，需提供相关资料。

二、股东文件

（1）公司控股股东、实际控制人下属控股、参股公司，以及虽无法律关联关系但通过协议或其他方式实际控制或施加重大影响的公司或特殊主体名称、设立时间、公司性质、持股比例、经营范围。

（2）说明公司各股东之间是否存在关联关系（包括直系亲属）。

（3）确认股东所持有的公司股份是否存在被司法冻结、权属争议等其他限制其转让的情形。如存在，需提供该等情形的详细书面说明和相关材料。

（4）确认公司股东所持公司股份是否存在委托持股或代持股等相关情况。如存在，需提供该等情形的详细书面说明和相关材料。

（5）确认公司股东是否与他人签订转让、回购或质押所持公司股份的协议。如存在，提供该等协议。

（6）提供公司与公司各股东签订的任何协议。

（7）说明公司股东、实际控制人控制的其他企业是否从事与公司相同或相类似的经营业务，包括但不限于业务类型、产品种类、销售区域等。

三、重大资产

（一）土地

（1）占用土地的清单，内容包括土地使用权证证号、发证日期、土地位置、获得方式（划拨 / 出让 / 租赁）、面积、用途、使用期限、他项权利（如抵押、租赁、查封等）情况。

（2）土地使用权证、他项权利证、租赁登记证明文件等。

（3）与土地使用权有关的协议和批准文件（如土地使用权出让合同、出让金缴纳凭证、土地出让金折价优惠的政策法规依据、转让合同、转让价款支付凭证、租赁协议、抵押协议等）。

（4）土地使用权出让、租赁、转让所涉及的出让金、租金、转让费和土地使用费（税）的支付凭证；对于出租的土地，提供出租方有权出租的证明。

（5）确认上述土地是否设置了任何抵押、担保。如有，提供对于在上述资产上设置的担保物权和 / 或其他对该资产转让、使用加以限制的文件，包括但不限于抵押合同 / 协议、担保合同 / 协议、主债务合同 / 协议以及有关抵押的登记证明文件。

（二）房屋

（1）拥有或租赁的房产情况清单。内容包括房屋所有权证证号，发证日期，房屋位置，建筑面积，用途，他项权利（如抵押、租赁、查封等）情况。

（2）拥有或租赁的所有房产的房屋所有权证。

（3）与上述房屋有关的协议（如房屋购买、租赁协议以及与房屋租赁相关的租赁登记文件，业主的房产证，房屋抵押协议和抵押登记证明文件）。

（4）拥有或租赁的房产的使用、出售、租赁或转让的限制、合约及承诺的详细清单及协议文本。

（5）确认提供的房屋所有权证上所列的内容与房屋现状是否相符。如有变更而未在房屋所有权证上做记录的（如房屋已拆除或出售），需说明变更情况，包括房屋所有权证号、发证日期、幢号、面积、原用途、现用途、变更原因、变更时间。

（6）确认上述房屋是否设置了任何抵押、担保。如有，需提供对于在上述资产上设置的担保物权或其他对该资产转让、使用加以限制的文件，包括但不限于抵押合同 / 协议、担保合同 / 协议、主债务合同 / 协议以及有关抵押的登记证明文件。

（三）主要动产

主要动产即经营所需的所有重大动产、主要设备、办公用品、车辆的明细清单，包括但不限于用于主业经营、研发和其他经营活动的所有主要设备、设施和车辆。

（四）无形资产

（1）企业所拥有的、被许可使用的或正在申请的所有知识产权，包括但不限于专利、商标、服务标识、商号、品牌、著作权、专有技术、域名、商业秘密和技术工艺等，并提供全部专利权证书、商标注册证、其他知识产权证明及有关申请文件。

（2）公司所有现行有效的知识产权许可使用合同、转让合同以及技术开发合同等，包括但不限于商标、服务标记、著作权、专利或专有技术的许可/转让/开发合同及相关登记/备案文件。

（3）确认上述知识产权上是否设置了任何质押、担保。如有，提供质押协议、担保协议、质押登记文件、主债务合同。

（4）有关上述知识产权所涉及的侵权、被侵权所涉及的任何文件，包括来往信函、行政处罚或司法裁决、起诉或仲裁所涉及的相关文件等。

（5）股东注入无形资产相关验资报告、评估报告以及公司其他相关的内部审批、内部会议资料。

（五）在建工程

（1）公司及其附属公司的在建工程项目（包括已建成的房屋、设施等投资项目）的全部建设、施工审批及许可文件，包括但不限于项目立项申请及批文、可行性研究报告及批复、建设用地规划许可证、建设工程规划许可证、开工许可证、建设工程承包合同、施工合同、环境影响评价报告书及环保批文、竣工验收报告、竣工验收备案证（表）等文件。

（2）政府有关部门对在建工程进行征用、拆迁、冻结、查封等影响或可能影响该不动产权利和使用的所有文件、行政决定、通知及司法文件等。

（3）在建工程的所有抵押合同、意向书、抵押登记证明和文件。

四、生产经营（包括公司及其附属公司、分公司）

（1）公司及附属公司最近两年的年度审计报告及财务报表。

（2）财务分析报告和业务经营分析报告。

（3）主要经营业务领域的基本业务流程所涉及的管理及控制文件，包括运营或销售业务、采购业务、工程管理、资金管理、合同管理、人力资源以及其他相关领域，需提供各经营业务领域的管理、内部控制制度文件。

（4）公司从事经营活动所获得的政府批准、许可文件或注册、备案登记文件。

（5）营销能力，包括主要市场、渠道、客户资源、客户开发能力现状、优势与未来的经营发展策略。

（6）销售方式及相关佣金、返利、折让结算模式及账务处理情况，公司市场推广费用列支情况说明，相关销售费用控制和执行情况。

五、重大合同

（1）公司近三年、每年排名前十的业务交易清单及交易情况说明（若无业务，无须提供）。

（2）公司近三年、每年排名前十的主要供应商、采购清单、采购金额、采购主合同。

（3）公司近三年，各期采购返利情况，包括供应商、返利金额、返利形式、入账情况。

（4）已签订但尚未履行的，正在履行的或虽已履行完毕但存在争议的、所涉金额单项或同一客户数项交易年累计达公司净资产5%以上或公司年营业额或利润5%以上，以及虽未达到该等金额但对公司的生产经营有重大影响的合同或协议清单（该清单列表至少应当包括合同各方、合同类型、合同标的、合同金额、合同期限、合同履行情况及相关争议内容，以及其他需要注明的问题），并提供该合同或协议的复印件。

（5）金额超过50万元人民币的重大资产、设备的购买、租赁、处置协议。

（6）重大销售合同、采购合同，以及限制交易的协议。

（7）土地、房产租赁合同或生产设备的租赁、融资租赁合同。

(8) 重大建设或建筑合同。

(9) 收购、合并或出售公司权益、业务或资产的合同或协议。

(10) 战略合作协议包括：投资协议、收购协议、合作协议或联营协议。

(11) 与同业竞争方签订的有关定价协议或其他合作、联盟协议。

(12) 承包、管理、顾问协议。

(13) 有关进出口业务的文件，进口代理商的名称及与该代理商签订的有关合同。

(14) 知识产权（如著作权、商标、专利、域名、非专利专有技术）实施、许可、使用、转让或其他相关协议。

(15) 其他对公司有重大影响的合同、协议或其他书面文件及公司认为应提供的其他文件。

(16) 除上述协议之外的其他对公司产生重大影响的协议。

六、关联交易①

(1) 公司与子公司之间的交易。

(2) 公司与其主要股东（持股5%或以上）之间的交易。

(3) 公司与其董事、监事、高级管理人员及其关系密切的家庭成员②之间的交易。

(4) 公司与股东或其他关联方所控制的公司的交易。

(5) 公司与其董事、监事、高级管理人员及其关系密切的家庭成员所控制的公司的交易。

七、最近三期财务会计信息（包括公司及其全资子公司、控股公司的情况）

(1) 公司主要会计政策和会计估计，公司确认收入的具体标准。

---

① 关联交易：拟上市公司或其附属公司与任何关联人士或其联系人之间的交易，包括任何类别和形式的交易，比如，股权转让，财产租赁，后勤服务，商标使用，结算服务，销售代理，设备供应，能源、原材料或基础设施的提供、使用，社会福利设施及其他服务的供应、贷款、担保等。

② 关系密切的家庭成员：配偶、父母及配偶的父母、兄弟姐妹及其配偶、年满18周岁的子女及其配偶、配偶的兄弟姐妹和子女配偶的父母。

（2）按项目列示最近三期的收入、成本费用明细表，按类别划分的收入明细表。

（3）公司近三年的营业费用明细表、管理费用明细表、财务费用明细表、营业外收入、支出明细表。

（4）近三年应收及回款情况、年度清算报告。

（5）公司银行账户资料，包括定期存款账户、保证金账户、非银行金融机构账户清单、各银行对账单、余额调节表，各公司需至各自基本户开户银行打印“已开立银行结算账户清单”及“企业信用报告”详细信息。

（6）公司近三期期末应收款项明细表（含应收账款、其他应收款、预付账款）和账龄分析表，内容包括债务人名单、金额、款项性质内容说明。

（7）公司近三期期末存货明细表，需提供公司近三期存货按最明细项目列示的数量金额式的增减变动明细表（分月）。

（8）公司股权投资相关资料、被投资公司营业执照、财务报告、投资协议、审计报告或财务报表，公司购买或出售被投资公司股权的审计、评估报告。

（9）公司交易性投资相关资料、重大项目的投资合同及内部批准文件。

（10）公司近三期期末固定资产明细清单、折旧明细表。

（11）公司无形资产、长期待摊费用的内容、取得方式、入账依据、初始金额、摊销年限及确定依据、摊余价值及剩余摊销年限，需提供相应明细表。

（12）公司近三期期末应付款项（包括应付票据、应付账款、其他应付款、应付利息、应缴税费）明细表（需提供债权人名单、款项性质内容说明、相应的合同和协议等资料），对内部人员和关联方的负债情况。

（13）公司近三期期末预收账款明细表，需提供预收款对应客户、产品及相关合同、协议等资料。

（14）公司及其附属企业主要资金拆借情况（包括债权人、债务金额、期限、利率、抵押或担保情况）和或有负债情况。

（15）公司的股东向公司提供贷款的贷款协议及其他有关文件。

（16）公司主要银行借款资料、借款合同、抵押担保合同、贷款卡信息。

（17）已签订将要履行的和尚未清偿完毕的与银行 / 金融机构（包括境内

外金融机构和企业 / 政府）的借款（包括人民币或外币借款）清单。

（18）任何重大融资安排，包括但不限于项目融资、融资租赁、票据融资。

（19）公司以公司信誉和 / 或资产对外提供担保（包括但不限于保证、抵押和质押等）的担保合同清单及担保合同、主债务合同、担保登记文件。

（20）公司股东或其他方为公司债务提供担保的，提供担保协议、主债务合同，以及上述担保或抵押权益在政府有关部门登记的相关文件。

（21）公司两年内获得的国家、省级或地方政府向公司提供的相关补助及补贴的协议、批准文件或其他安排资料。

八、劳动人事

（1）最近一次统计的现有员工总数，并按照下列分类列明：①正式工；②临时工（简要说明临时工的分类标准）；③其他员工（具体描述该类员工情况）。

（2）按公司及附属公司提供的公司近三期期末公司员工名册，分析员工的年龄、教育、专业、职务、所属部门（科室）等结构分布情况。

（3）现行有效的劳动合同。如有多种版本的，各提供一份已签字的有效合同样本。

（4）人员执业资格、执业地点、多点执业情况等统计表。

（5）职工薪酬、福利及其他管理规章制度、员工手册，提供公司近三期分部门的职工薪酬中工资、奖金、福利、社保、公积金等计提发放明细表。

（6）公司最近三期依法为全体员工投保养老保险、医疗保险、失业保险、工伤保险、生育保险及住房公积金的明细表（包括缴费基数及缴费比例）。

（7）公司作为被告的劳动仲裁（诉讼）情况说明，并提供相关仲裁裁决（法院判决），如尚未判决的，需提供有关的仲裁申请书和答辩状等相关文件。

（8）公司现任董事、监事及高级管理人员任职及兼职情况。

九、税务

（1）目前适用 / 执行的主要税种和税率。

（2）说明公司是否享有税收优惠。如有，请提供相关批准文件及优惠依据（包括相关法规、政策和税务主管部门的批复等）。

（3）公司近三期企业所得税汇算清缴报告，公司近三期增值税纳税申报表及附加税申报表。

（4）说明公司近三年是否受到过税务（包括关税）处罚，提供有关文件（如行政处罚决定书、欠税通知单或滞纳金罚单、补缴税款及罚金凭证）。

（5）确认是否存在逾期未缴的税款，说明欠缴原因、税种、数额及处理方式。

十、诉讼、仲裁、赔偿和行政处罚程序

（1）公司成立以来所有与公司、公司经营有关的，正在进行的、已经结案的或潜在的诉讼、仲裁和其他司法程序，及其他未结争议。

（2）公司作为一方当事人的法院和仲裁机关的判决、裁决、裁定、调解协议及其他类似协议，以及对公司判处的罚款。

（3）公司自设立以来违反或被控违反卫生、防火、建筑、规划、环保、产品质量、安全等方面的法律法规的通知或诉讼等相关文件。

（4）公司报告期内事故赔偿情况。

（5）公司报告期内收到的卫生、税务、工商、土地、环保、海关、质监、社保、公积金等部门的行政处罚，并提供处罚通知书、罚款单及缴纳罚金证明等相关文件。

第三节　法律尽职调查

法律尽职调查是指在公司并购、证券发行等重大公司行为中，由律师进行的对目标公司或者发行人的主体存续的合法性、企业资质、资产和负债、对外担保、重大合同、关联关系、纳税、环保、劳动关系等一系列法律问题的调查。法律尽职调查主要从法律主体资格、经营合法、形式合法的角度进行梳理。法律尽职调查主要包括以下方面。

一、主体资格

（1）公司简介，要求描述实体历史沿革及基本情况，历史期间是否存在经营性质变更（如由非营利性变更为营利性）或组织机构性质的变化等。

（2）公司设立及历次变更的营业执照（包括最新的执照）。

（3）公司设立及历次变更的商务机关批准文件（如曾为外商投资企业）。

（4）公司设立及历次变更的外商投资企业批准证书（如曾为外商投资企业）。

（5）公司设立及历次变更的政府批准的其他文件。

（6）最新及历次变更的公司章程或章程修正案。

（7）公司历次验资报告，涉及实物出资的评估报告，国有资产管理部门的备案文件、国有产权登记证（如涉及国有成分）。

（8）公司最新股权架构图。

（9）公司股东（追溯至实际控制人）基本情况介绍，法人股东最新营业执照、最新章程，自然人股东身份证明文件。

（10）公司控股及参股子公司明细表（含公司名称、注册资本、股权结构）及最新的营业执照、章程。

（11）公司最新组织结构图。

（12）任何涉及公司股东股权及子公司股权的质押、冻结、诉讼、仲裁、期权等相关法律文件。

（13）公司业务板块概述。

（14）前往工商管理部门复印自公司设立至今包括历次变更、备案的全部工商登记资料，并加盖机关查询章。

（15）如果公司存在已经发生的变更事宜（如股权转让、增资等），但尚未办理变更登记或工商管理部门暂时不能调出底档的，提供该等变更事宜的公司存档文件，包括但不限于股东会决议、股权转让协议、验资报告、章程修正案等。

二、业务经营资质

各公司开展其各项业务、特定产品经营或提供特定服务所需的执照、许可、批文、登记证书。

三、公司重要资产

(1) 公司主要设备清单。

(2) 说明主要设备中是否有处于海关监管期内的进口设备。如有，提供海关的征免税证明、报关单及海关的放行证明。

(3) 以上主要设备的权属证明文件，如购置发票、购买合同、车辆行驶证、进口设备的引进合同许可证及其报关单、其他能够证明公司拥有该资产所有权或使用权的有关文件。

(4) 主要设备售后租回、融资租赁事项的说明和协议等相关法律文件。

(5) 公司土地、房产 (包括在建工程) 清单，包括土地面积、位置、使用权人、性质 (划拨地或出让地)、使用年限、房屋面积、位置、所有权人、已使用年限、抵押状况。

(6) 公司通过出让或转让方式取得的土地使用权，需取得以下文件：①土地使用权出让或转让合同；②相关招标、拍卖、挂牌的成交确认书及相关土地主管部门批文；③土地出让金或转让对价缴纳凭证；④契税完税证明；⑤土地使用权证。

(7) 公司通过划拨方式取得的土地使用权，需取得以下文件：①划拨决定书；②与划拨有关的政府批复文件；③土地使用权证。

(8) 公司租用的土地，需取得以下文件：①土地使用权租赁协议；②土地使用权证。

(9) 公司占用的其他类型土地的说明 (列明土地类型、面积、土地使用权人、取得方式)。

(10) 公司通过自建方式取得的房屋所有权证。

(11) 公司通过买卖方式取得的房屋，需取得以下文件：①房屋所有权买卖合同；②房屋所有权证。

(12) 公司租用的房屋，需取得以下文件：①房屋租赁合同；②房屋所有权证；③房屋租赁备案文件。

(13) 公司占用的其他房屋的说明 (列明房屋面积、房屋所有权人、取得方式)。

（14）公司出租的房屋资料。

（15）公司主要设备、土地、房产被设置抵押或其他担保权益的相关法律文件。

（16）公司主要设备、土地、房产被查封、扣押、冻结情况说明及相关法律文件。

四、重大债权债务及合同

（1）位列前十位的债权清单，包括债权（应收、其他应收、预付账款等）数额，债务人名称，账龄等。

（2）位列前十位的债务清单，包括债务（应付、其他应付、预收账款等，短期借款、长期借款、应付融资租赁款等）数额，债权人名称等。

（3）公司自中国人民银行征信中心打印的企业信用报告。

（4）正在履行的所有借款合同及其保证、抵押合同及登记文件。

（5）正在履行的银行授信协议。

（6）正在履行的担保合同。

（7）正在履行的购销及配送协议等业务合同。

（8）公司与其他公司、学院或科研机构签订的合作协议。

（9）合同金额达公司净资产 1% 以上的其他重大合同。

（10）公司认为重大、现行有效的其他合同。

五、知识产权

（1）注册商标证。

（2）正在申请注册的商标申请书、受理书。

（3）许可他人使用、使用他人商标的合同、商标证以及许可备案。

（4）商标转让及购买商标协议。

（5）专利权证，包括发明、实用新型、外观设计。

（6）正在办理的专利申请书、受理书。

（7）许可他人使用、使用他人专利的合同、专利证以及许可备案。

（8）专利转让及购买专利协议。

（9）专有技术资料（非保密信息）。

(10) 与其他公司合作开发知识产权的合同或协议。

(11) 有关技术保密的协议。

(12) 公司已注册的域名。

(13) 公司现行有效的知识产权保护制度。

(14) 公司近三年是否存在知识产权方面的争议、纠纷、诉讼或仲裁的书面说明。如有，需提供相关法律文件。

六、关联交易和同业竞争

(1) 公司与关联方（包括实际控制人、股东、同一实际控制人或股东控制的其他公司、有关公司的董事、监事、高级管理人员及其直系亲属和该等关联人士控制的公司等）之间近三年交易的详细清单，具体说明协议双方、协议有效期、交易主要内容、交易价格的确定原则或方法、规模及金额。

(2) 说明公司与其股东之间、公司与其下属控股公司之间、公司与其股东控制的其他公司之间是否存在同业竞争的情形；如经营范围中存在相同或相似业务的，说明各方目前是否均有实际经营该业务。

(3) 公司的控股股东、实际控制人和其他股东如系自然人，提供其亲属是否在有关公司担任管理职务，是否担任其他公司的董事长、总经理等管理职务，是否持有其他公司股份的说明。

七、财务及税收

(1) 税务登记证（或税务系统登记信息截图）。

(2) 外汇登记证 / 登记卡（如历史上曾存在外资成分或外汇事宜）。

(3) 有权外汇管理部门关于公司外汇登记、外汇管理的历次批准文件。

(4) 公司近三年审计报告（如未经审计，提供财务报表）。

(5) 正在执行的税种、税率及税收优惠政策、财政补贴情况的书面说明。

(6) 公司近三年享受的税收优惠政策（特别是增值税、企业所得税免税的批复、备案文件）。

(7) 公司近三年享受的财政补贴的政府批文、银行收款回单等。

(8) 公司近三年完税凭证。

(9) 公司近三年受到主管税务机关行政处罚的相关文件。

八、诉讼、仲裁、行政处罚及纠纷

(1) 公司近三年生效的判决书、调解书、裁定书、仲裁裁决书。

(2) 正在进行或尚未了结的仲裁或诉讼的情况说明、起诉书、答辩状、仲裁申请书、执行申请等法律文件。

(3) 公司近三年受到的所有行政处罚说明，包括行使处罚权的机关、处罚理由、处罚决定、处罚结果、对处罚结果的执行情况，并提供行政处罚通知、决定、听证通知、复议通知或决定等。

(4) 是否存在非诉讼争议、纠纷或其他可能导致诉讼、仲裁或行政处罚的潜在纠纷、争议情况的书面说明及相关法律文件。

(5) 公司近三年是否发生过重大事故、纠纷，受到过重大投诉、正在或可能受到任何政府机构的调查或处罚，或者存在任何其他正在进行或可能发生的诉讼或纠纷。需说明涉及标的金额、是否已经解决以及解决过程。

(6) 公司历史上的重大负面事件情况，包括但不限于重大事故、重大投诉、负面媒体报道等。

九、重大资产变化及收购兼并

(1) 公司近三年重大资产出售、收购及置换协议。

(2) 公司近三年合并、分立、收购兼并的相关法律文件。

十、人员及社保

(1) 公司员工花名册。

(2) 人力资源、社会保险、住房公积金及福利状况综述(包括但不限于社会保险、住房公积金缴纳人数、缴纳基数、缴纳比例情况，以及其他福利政策等)。

(3) 社保登记证。

(4) 住房公积金开户证明。

(5) 公司近三年发生劳资纠纷或员工罢工情况的书面说明。

(6) 公司近三年因违反劳动关系管理方面的法律法规和规范性文件而被处罚的文件。

(7) 公司现任董事、监事及高级管理人员（总经理、副总经理、财务负责人等）名单及简历。

(8) 集体劳动合同样本。

(9) 劳务派遣合同，并说明劳务派遣员工人数。

(10) 劳动合同样本。

(11) 公司近三年外籍人员聘任合同。

(12) 公司近三年工伤情况的说明。

(13) 公司近三年发生的劳动仲裁和劳动争议诉讼的文件。

十一、环保及保险

(1) 公司近三年业务所涉及的有关环保、消防批文或备案表等相关法律文件。

(2) 废物处置协议以及对应合作企业相关的资质证书，包括但不限于营业执照、废物经营许可证、道路运输许可证等。

(3) 公司近三年因违反环境保护方面的法律法规和规范性文件而被行政处罚的文件。

(4) 公司为土地及房产办理财产保险、为员工办理意外伤害保险及投保其他责任保险，说明并提供相关资料。

第四节　企业上市监管

一、首发问题

企业上市涉及公司发展中的业务、财务、法律等非常专业的事项，是一项系统性工程。即便是专业人员和专业机构也会遇到非常多的问题。为进一步推动股票发行工作市场化、法治化改革，支持实体经济发展，增强审核工作透明度，提高首发企业信息披露质量，在核准制下，中国证监会于2019年发布了《首发业务若干问题解答》，作为首发的操作性指南。2023年2月，随着股票发行注册制的全面推行，中国证监会对《首发业务若干问题解答》进行了更新，修订后的规定更名为《监管规则适用指引——发行类第

4号》和《监管规则适用指引——发行类第5号》，分别对应原《首发业务若干问题解答》中的法律问题和财务问题。具体内容参见附录《监管规则适用指引——发行类第4号》《监管规则适用指引——发行类第5号》。

二、现场检查规定

中国证监会于2021年1月出台的《首发企业现场检查规定》，显示了现场检查的重要性。在证券发行监管实践中，对首发企业开展现场检查是监管部门书面审核工作的重要辅助手段，有利于推动各方归位尽责、提高审核的针对性和有效性，对于违法违规行为起到震慑作用，从源头助力提升上市公司质量。上市申报企业很可能遇到现场检查，只有提前做好充分准备，了解企业并熟知规则才能通过监管部门的检查。现场检查事项参见附录《首发企业现场检查规定》。

第六章　企业上市实战模拟

第一节　上市前财务准备

财务准备是企业上市的关键环节，财务准备不仅是财务数据准备，更是财务综合管理能力的强化与落实。财务数据不但是企业财务状况和经营成果的反映，也是企业管理效率和内部控制运行情况的体现。因此，上市前的财务准备对成功上市尤为重要。

一、企业上市前的财务准备工作

财务会计报告无虚假记载是证券市场对拟上市公司的基本要求，因此，企业上市前财务准备工作非常重要。公司上市的财务准备工作包括以下几个方面。

（1）会计准则变更的衔接梳理。

（2）收入确认准则及税务调整。

（3）实物资产管理及其他内部控制制度。

（4）审计结果与前期税务汇算清缴数据的衔接。

（5）关联交易划分。

（6）研究与开发支出的资本化问题。

（7）无形资产与实物资产出资的评估入账。

（8）财务工作流程与规范的建立和实施。

（9）改制前后财务策略与公司战略的梳理。

（10）境外上市，还会涉及国际会计准则的调整。

二、公司上市前的财务业务提升

一是优化企业财务状况，如公司的年营业额、毛利润额、净利润额、资产状况、资金状况以及负债状况等。

二是完善审计及资产评估，选定具备上市资格审计及评估的中介机构。

三是完善公司财务报表，规范资产负债表、损益表、现金流量表和所有者权益变动表四大会计报表内容。

四是加强财务风险管理，防范企业资金风险、资本风险以及资产在途风险，加强不良资产的回收。

五是组织的变革及业务的转型，比如上市前优化组织、剥离不良资产。

第二节　招股说明书要点

招股说明书是股份公司公开发行股票时，就募股事宜发布的书面通告。招股说明书是发行股票时必备的文件之一，需经证券管理机构审核、批准，也是投资者特别是公众投资者认购该公司股票的重要参考。

一、招股说明书主要内容

招股说明书由股份公司发起人或股份化筹备委员会起草，送交证券管理机构审查批准。主要内容包括：①公司状况，包括公司历史，公司性质，组织和人员状况，董事、经理、监察人和发起人名单；②公司经营计划，主要是资金的分配和收支及盈余的预算；③公司业务现状和预测，设备情况，生产经营品种、范围、方式，市场营销分析和预测；④专家对公司业务、技术和财务的审查意见；⑤股本和股票发行，股本形成、股权结构、最近几年净值的变化，股票市价的变动情况、股息分配情形，股票发行的起止日期、总额及每股金额，股票种类及其参股限额，股息分配办法，购买股份申请手续，公司股票包销或代销机构；⑥公司财务状况、注册资本、清产核算后的资产负债表和损益表、年底会计师报告；⑦公司近几年年度报告书；⑧公司章程及有关规定；⑨公司股东大会重要决议；⑩其他事项。

二、招股说明书的原则

(1) 凡对投资者做出投资决策有重大影响的信息，均应予以披露。

（2）发行人认为有助于投资者做出投资决策的信息，发行人可增加这部分内容。

（3）相关准则中某些具体要求对发行人确实不适用的，发行人可根据实际情况做出适当修改，同时以书面形式报告证监会，并在招股说明书中予以说明。

（4）发行人成立不足三年的，应提供自成立之日起，至进行股票公开发行准备工作之时止的经营业绩及其他资料。如果发行人由原有企业经改制而设立，且改制不足三年，则发行人在对其历史情况进行披露时，应包括原有企业情况。

（5）境内上市外资股的发行人，应当增加关于国内经济、政治、法律等有助于外国投资人了解中国一般情况的资料，以及有助于对发行人增加了解的其他资料。必要时，境内上市外资股发行人还应编制招股说明书的外文文本。发行人应当保证两种文本内容的一致性，在对两种文本的理解上产生歧义时，以中文文本为准。

（6）发行人尚未成立董事会、监事会，而由筹备机构代行其权力的，招股说明书中凡要求董事会、监事会在股票发行过程中以及对招股说明书所应承担的责任与义务，由筹备机构承担，对董事、监事有关情况的披露改为对筹备机构成员有关情况的披露。

三、上市招股书的相关规定

（1）招股说明书有效期为六个月，自招股说明书签署之日起计算。发行人不得使用过期的招股说明书发行股票。发行人在招股说明书有效期内未能发行股票，必须修订招股说明书，补充最新的财会资料和其他信息。这些修订、补充的信息，须先经承销商、推荐人以及与该信息有关的中介机构（例如，律师、注册会计师或资产评估人员）认可，再报证监会审核后，方可发行。

（2）招股说明书不得刊登任何个人和机构等第三方的题字，祝贺性、恭维性或推荐性的词句，以及任何广告和宣传性用语。

（3）招股说明书中的数字应当采用阿拉伯数字。招股说明书中有关货币金额的资料除特别说明之外，应指人民币金额。

招股说明书是企业成功上市的关键，主要是由证券公司负责拟定，但拟上市企业只有充分熟悉招股说明书构成，才能找准发审部门的关注点和本企业推进上市的改善点。

第三节　首发问询与实战

“见贤思齐焉，见不贤而内自省也。”研究证监会对同类公司的问询函对公司做上市准备有非常重要的意义。通常，同类行业的问题基本类似，研究透彻同行被问询的内容，有利于本企业上市前的整改和规范。

问询内容来源包括招股说明书内容，同业、同类比较，外部公告、公示，以及法规、准则、制度执行核验。

企业上市问询回复要件主要由以下内容组成：被问询人针对问题的回复、保荐人及相应中介机构的保证意见。

在企业首次发行股票过程中，对实战案例的深入研究、理解是上市项目负责人和关键人员必不可少的工作内容，其中对监管机构审核、问询要尤为重视，如果拖延回复时间或回复不能打消监管机构的顾虑，则会直接影响公司股票发行成功的概率。

本章整理了医疗服务、新材料、新能源行业的常规问询内容，另外为了强调银行流水核查事项，本章专门增加了银行流水问询与回复举例。

一、医疗服务类公司首次公开发行股票的常规审核问询案例

(一) 问询事项清单

1. 关于民办非企业重组
2. 关于无关主业业务剥离
3. 多数子公司亏损的原因
4. 医疗纠纷或事故风险
5. 关于经营资质及业务合规性
6. 关于历史沿革及股东情况

7. 关于同业竞争
8. 关于生产经营场所
9. 关于董事、监事、高级管理人员情况
10. 关于营业收入
11. 关于客户和机构门店
12. 关于主营业务成本
13. 关于采购和供应商
14. 关于毛利和毛利率
15. 关于财务规范性
16. 关于期间费用
17. 关于应收账款
18. 关于长期待摊费用和其他非流动资产
19. 关于捐赠
20. 关于递延所得税资产
21. 自费药房
22. 国有性质物业
23. 关于医保款项
24. 关于对实控人等资金流水的核查

(二) 具体问询内容举例

1. 关于民办非企业重组

请发行人:

(1) 补充披露各民办非企业单位的历史沿革和基本情况，包括但不限于实际控制人、经营情况、资产权属、业务资质、技术来源以及员工情况。

(2) 以列表方式披露发行人实际控制人原控制的各民办非企业单位的主管单位、履行审批程序及取得的资质情况；发行人选择收购上述民办非企业单位的经营性资产及负债而非直接收购相关主体的背景、原因及商业合理性；收购上述主体需履行的审批或备案程序及实施情况，是否符合相关国家及行业政策的规定，是否未规避相关监管要求，是否存在行政处罚的风险，是否构成本次发行的法律障碍。列表披露各民办非企业单位后续注销的主管单位、所履行的程序及实际执行情况，是否合法合规；审批部门是否与设立时主管部门保持一致，若不一致，请说明原因及合理性。

(3) 补充披露各民办非单位是否存在涉及国有资产的情形，相关收购、注销行为是否导致国有资产流失。

(4) 结合收购前相关资产的财务数据，以列表方式披露各项资产收购的定价依据及公允性、收购资金来源及实际支付情况、所收购资产和人员的实际转移情况；劳工关系的变更是否导致劳动报酬增加或其他赔偿事项，发行人是否为收购相关资产付出慈善基金捐赠等其他代价。

(5) 相关收购协议的主要内容及特殊条款，资产收购中涉及的经营性资产和负债交割、劳动关系变更、资质获取与注销等程序是否合法合规，是否存在处罚风险。

(6) 被收购方代持情况产生的原因及背景，是否已完整披露并解除，是否存在纠纷或潜在纠纷，是否存在其他利益安排。

(7) 相关民办非企业单位是否存在医患纠纷，其被收购之前的医疗案例如何承接，医疗责权利如何划分。

请保荐人、发行人律师核查并发表明确意见。

2. 关于无关主业业务剥离

请发行人：

(1) 补充披露剥离专利、设备、软件著作权、商标等资产的历史沿革和具体情况，与公司主营业务的关系，发行人剥离相关资产的原因及合理性。

(2) 评估报告的具体内容、评估方式及评估增值率、交易定价是否公允。

(3) 交易对价是否支付，资产是否完整交割；相关剥离实施后，发行人专利、设备、软件著作权、商标等资产是否独立。

请保荐人、发行人律师发表明确意见。

3. 多数子公司亏损的原因

请发行人：

(1) 补充披露各级医疗服务机构的数量、区域分布、医师、护士及其他人员构成、不同级别门店的关系与区别，是否存在资质或其他行业门槛，各级医疗服务机构与子公司的对应关系。

(2) 结合子公司业务定位、业务布局、在发行人业务体系的作用等情况，补充披露多数子公司亏损的原因及合理性，后续采取的应对措施及有效性，是否对公司持续经营能力构成重大不利影响。

（3）补充披露发行人及其子公司对各级医疗服务机构、各个子公司的具体管理模式，是否在进行医疗服务时也存在销售药品的情况；发行人对医疗服务机构、子公司的控制措施，对医疗服务及药品的保障措施，对医疗安全的保障措施。

（4）补充披露发行人各级医疗服务机构及子公司的人员聘任及管理模式，是否存在劳务外包情形，是否存在各级医疗服务机构主要管理岗位、医护人员主要由劳务外包人员承担的情形。

（5）补充披露发行人的获客渠道、获客方式，是否存在通过给予介绍费、好处费等途径获取客户的情形，是否存在向其他医疗机构违法购买客户个人隐私资料的情形，是否存在向其他医疗机构商业贿赂的情形。

请保荐人、发行人律师核查并发表明确意见。

4. 医疗纠纷或事故风险

请发行人：

（1）补充披露历史上及目前发行人发生的医疗纠纷或事故的具体情况、涉及患者数量、责任方、赔偿金额，是否属于重大医疗事故；发行人是否面临民事赔偿责任、行政处罚或刑事责任；发行人是否存在向客户或第三方赔偿的风险；发行人与上游医疗设备、药品供应商之间法律责任划分情况；发行人是否有权向上游供应商索赔。

（2）补充披露是否存在放射性装置的安全和防护问题；是否存在未经批准的医疗检验活动；是否存在使用非卫生技术人员从事医疗技术活动情形；是否存在发布违法广告、夸大宣传，构成不正当竞争情形；是否存在医疗腐败情形；是否存在生产、销售不符合保障人体健康和人身、财产安全的国家标准、行业标准及不合格的产品情形。

（3）补充披露发行人关于保障医疗安全的制度及措施是否完善，患者数据管理、相关内部控制的有效性。

（4）结合近年来行业重要监管政策及未来改革趋势，分业务类型披露相关行业政策变化对发行人生产经营、业务获取、盈利水平、行业地位、竞争优势等的具体影响。

请保荐人、发行人律师核查并发表明确意见。

5. 关于经营资质及业务合规性

请发行人：

(1) 补充披露发行人及其收购的民办非企业单位，历史上及目前是否存在违规结算基本医疗保险费用等情形，是否因医保违规而受到处罚，是否存在重大违法违规行为，是否存在因超出资质经营被处罚的情况。如有，请详细披露具体情况及整改措施。

(2) 补充披露部分即将到期的生产经营资质续期的办理情况，是否存在无法续期的风险及对公司生产经营是否产生重大不利影响。

(3) 补充披露公司主要分支机构均取得了医保定点机构资质，是否存在未取得医疗保险定点机构资格的子公司或医疗机构。如有，披露具体情况及未取得的原因及合理性，是否对生产经营造成重大不利影响，已取得的是否可持续取得。

(4) 结合发行人生产经营各环节涉及的监管政策，披露发行人及其子公司是否已经取得生产经营所需的全部资质、许可、认证，是否存在超越资质、经营范围的情形。

(5) 发行人生产经营产生医疗废物的具体情况，包括但不限于产生的量、排放方式、医疗废物无害化处理的情况；发行人的环保设施及环保投入情况，是否能够完整覆盖生产经营产生的医疗废物，是否与发行人主营业务变动情况相符。

(6) 补充披露报告期内发行人生产经营中排放的主要污染物及排放量，是否均取得相应排污许可证，相关证书的取得日期、到期时间，是否存在无法续期或行政处罚的风险。

(7) 补充披露处罚金额超过10万元的各次行政处罚的产生背景，被处罚的具体主体、详细过程、整改情况；上述处罚是否导致发行人被没收相应资质、证照；发行人受到的行政处罚事项是否构成重大违法行为；相应的整改措施、整改效果，内控措施是否健全有效，能否保证生产经营合规性。

请保荐人、发行人律师核查并发表明确意见。

6. 关于历史沿革及股东情况

请发行人：

(1) 补充披露设立时某股东以无形资产出资，该无形资产对公司生产经营的作用，低于评估值出资的原因及合理性。

(2) 补充披露实际控制人一致行动协议的主要内容、签订协议前发行人的控制情况、一致行动期限到期后的安排，以及是否有对发行人股权稳定存在重大不利影响的安排。

(3) 补充披露 B 公司、C 公司相关人员在发行人任职情况，如存在非发行人员工，说明其入股的原因及合理性；持股平台的出资资金来源是否合法合规，是否存在代持情形或与主要客户或供应商存在关联关系或其他利益倾斜的情形。结合上述情况，披露某股东持股平台同期却以不同价格增资的原因及合理性，未作股份支付处理是否符合《企业会计准则》相关规定。

(4) 补充披露是否存在因对赌协议导致的未决诉讼或法律纠纷。

请保荐人、发行人律师、申报会计师发表明确意见。

7. 关于同业竞争

请发行人：

(1) 补充披露实际控制人控制的其他医疗企业及药品板块企业实际经营业务情况，未注入发行人的原因，是否与发行人存在相同的客户和供应商情形；参照《深圳证券交易所创业板股票首次公开发行上市审核问答》，披露上述所有企业是否存在对发行人构成重大不利影响的同业竞争情况。

(2) 补充披露公司董事、监事、高级管理人员及其近亲属对外投资情况，是否与发行人存在上下游或利益冲突的情形。如存在，请详细披露。

请保荐人、发行人律师发表明确意见。

8. 关于生产经营场所

请发行人：

(1) 补充披露是否存在使用或租赁使用集体建设用地、划拨地、农用地、耕地、基本农田及其上建造的房产等情形，是否存在被收回的风险，是否符合土地相关法律法规规定，是否构成重大违法违规行为。

(2) 结合业务特点，披露主营业务所需房屋建筑物是否存在对卫生条件、环保、面积等方面的特殊要求，如需搬迁或新建场地是否存在实质障碍。

（3）补充披露权属瑕疵房产是否属于公司生产经营用房。如是，披露相关瑕疵房产报告期内收入、利润金额及占比情况。

（4）补充披露租赁房屋建筑物占发行人生产经营场所总面积的比重，是否存在搬迁风险，搬迁应对措施及相关搬迁费用的具体承担主体，是否对公司生产经营造成重大不利影响。

（5）补充披露主要生产经营场所相关土地使用权及房屋的取得和使用是否符合相关法律法规规定。

请保荐人、发行人律师发表明确意见。

9. 关于董事、监事、高级管理人员情况

请发行人：

（1）补充披露独立董事专业背景，其任职是否符合相关规定。

（2）补充披露董事、监事和高级管理人员离职的原因、离职后的去处，结合上述情况说明近两年发行人董事、高级管理人员是否发生重大变化。

请保荐人、发行人律师发表明确意见。

10. 关于营业收入

请发行人：

（1）补充披露报告期发行人各项服务占比、变动趋势与同行业公司的比较情况是否一致，差异原因及合理性。

（2）补充披露报告期诊疗服务均价产生波动的原因，该波动和单价水平与同行业公司的比较情况。差异原因及合理性。

（3）补充披露各项手术服务对应的治疗次数、平均单价，量价分析各类手术次数、单价的变动情况及合理性，不同手术之间的单价差异是否合理。

（4）补充披露发行人非手术治疗对应的服务内容，其占发行人主营业务收入比例较为稳定的原因，其变动趋势与其他业务是否存在匹配关系；该部分服务平均单价、数量情况，变动是否异常；单价金额与同行业公司相比是否一致，差异原因及合理性。

（5）按照发行人手术治疗、非手术治疗收费金额大小，分层披露各项服务的收费价格分布情况，各层次下营业收入金额、服务人次或例数、平均价格，上述分布构成情况与发行人实际情况是否相符。

（6）补充披露是否存在慈善基金资助项目。如有，该类公益活动对发行人收入、成本等业绩指标的影响情况，其收入确认等会计处理与常规业务的差异情况，该类公益活动的支持资金来源情况。

(7) 补充披露医保控费对主营业务的影响。

请保荐人、申报会计师详述对发行人收入真实性的核查过程、范围、占比及结果，并发表明确意见。

11. 关于客户和机构门店

请发行人：

(1) 补充披露报告期各层级机构门店数量的变动和分布情况；各层级机构门店营业人员、营业面积、收入金额的配比情况，各层级机构之间平均水平差异的合理性，净利率差异是否符合门店的实际经营情况；是否存在发行人收入或利润来源集中于个别门店的情形及合理性。

(2) 补充披露各层级机构门店的新增、退出、持续数量及其对应的营业收入，是否存在报告期新增、关闭门店频繁的情形，频繁变动的门店对收入贡献是否重大。上述情形是否符合发行人所在行业特点。

(3) 补充披露报告期各级医疗服务门店基本信息，开业时间，各项服务对应的营业收入金额、服务人次或例数、平均单价，是否存在显著变动，门店排名是否变动频繁，变动原因及合理性。

请保荐人、申报会计师对客户销售真实性的核查过程、核查范围、占比及核查结果进行详述，并发表明确意见。

12. 关于主营业务成本

请发行人：

(1) 补充披露全部诊疗服务、手术治疗、非手术治疗的成本构成情况，不同项目间成本构成差异的原因及合理性，同一项目报告期成本构成变动原因及合理性。

(2) 补充披露材料成本的具体构成情况，不同材料成本金额及占比变动的原因及合理性。

(3) 补充披露计入营业成本的人员构成情况、各职级安排、人均工资水平，与同行业公司比较是否存在显著差异及合理性。

(4) 补充披露折旧、房租及装修费摊销的构成情况；装修费摊销成本与长期待摊费用的匹配情况；房租成本与发行人门店数量、面积的匹配情况；

房租价格与门店所在地市场水平的差异情况；公司各门店租赁期限较长，租赁协议中是否约定了关于免租期的安排，会计处理是否符合《企业会计准则》相关规定。

13. 关于采购和供应商

请发行人：

（1）补充披露发行人采购的药品、医用耗材项下主要材料构成情况，各主要材料报告期采购量、单价变动是否合理，是否与发行人各业务实际经营情况相符。

（2）补充披露前五大供应商的基本情况，与发行人合作历史、结算方式，发行人向其采购的原因及合理性；发行人向 ××× 科技有限公司采购的内容、合作背景以及采购金额增长较快的原因及合理性。

（3）补充披露发行人向前五大供应商采购的药品、医用耗材构成情况，采购单价与第三方或市场价格比较情况，采购单价是否公允。

（4）补充披露报告期发行人器械、设备的采购情况，前五大供应商情况，上述变动原因及合理性；采购单价与第三方或市场价格比较情况，采购单价是否公允；供应商是否专为发行人服务，是否与发行人存在关联关系或其他利益安排，是否曾任、现任发行人股东或员工。

（5）补充披露发行人是否存在集中采购平台，其对内、对外销售情况，定价政策有何差异。

14. 关于毛利和毛利率

请发行人：

（1）以表格形式披露报告期各手术治疗项目等业务的毛利及其占比，各项目毛利变化对发行人毛利增长的贡献程度，是否存在毛利占比或增长贡献集中于个别业务的情形，原因及合理性。

（2）补充披露报告期各手术治疗项目、非手术治疗的单价和单位成本变动情况，其变动对发行人毛利率变动的影响。

（3）拆分披露不同项目的毛利率构成情况，结合单价和单位成本的构成和变动，披露其对毛利率变动的影响；报告期不同项目毛利率上升较快的原因，与同行业公司趋势差异及合理性。

15. 关于财务规范性

请发行人：

（1）补充披露发行人在现金收款方面相关内控措施，其设计是否健全、执行是否有效；各项业务、各家门店的现金收款金额及其占营业收入的比例情况，是否存在个别业务、个别门店现金收款金额较大或占营业收入比重较大的情形，原因及合理性；发行人现金收款占营业收入比重与同行业公司的比较差异情况，差异原因及合理性。

（2）补充披露报告期个人卡账户数量，各账户资金流入来源和流出去向的统计情况，是否存在与经营业务无关的关联方或第三方资金往来。

（3）分析中介机构进场后财务不规范行为仍然存在的原因，所采取的改进措施和效果，如发行人上一年度相关财务存在不规范事项，还须详述对发行人财务会计基础工作的影响情况。

请保荐人、申报会计师详述对现金收款相关营业收入、发行人银行账户、实控人及其他个人银行账户的核查方法、程序、范围、结论，核查中是否存在异常情形及结果，发行人相关内部控制是否得到有效执行。

16. 关于期间费用

请发行人：

（1）补充披露销售和管理人员人数、职级安排、各职级人员平均薪酬情况，薪酬支出的规模及变动与发行人实际经营情况是否相符，人均创收、各职级人均薪酬水平与同行业可比公司、当地薪酬水平差异及合理性。

（2）补充披露报告期广告及业务宣传费。请参照“审核关注要点”相关内容，补充披露相关费用的具体构成、用途、主要对手方、金额较大的原因，相关费用对手方与发行人是否存在关联关系，相关费用是否真实合理、是否存在违反相关法律法规、向相关方直接或变相进行商业贿赂的情形；广告及业务宣传费占收入的比例与同行业公司的比较情况及差异原因。

（3）补充披露管理费用率与同行业的比较情况，差异原因及合理性。

17. 关于应收账款

请发行人：

（1）补充披露发行人收入结算中，各项结算渠道金额及占比情况，不同地区间比例是否存在显著差异及合理性。

（2）补充披露发行人与各地医疗保障事务服务中心等单位就款项结算相关协议内容；不同地区是否存在显著差异，同一地区各年度是否保持一致，前五大应收账款余额与其当年对应的款项发生额的匹配情况，其结算回款情况是否与协议一致。

（3）补充披露应收账款期后回款情况，回款比例是否低于以往年度水平。

（4）补充披露应收账款周转率与同行业公司差异较大的原因。

请保荐人、申报会计师详述核查过程、范围、占比及结果，并发表明确意见。

18. 关于长期待摊费用和其他非流动资产

请发行人：

（1）补充披露报告期新增长期待摊费用对应的主要医疗机构及各层级门店情况；各新增门店初始营业时点与长期待摊费用摊销时点是否存在差异，费用确认是否完整。

（2）补充披露与长期待摊费用相关的前五大供应商及其采购情况，该供应商是否专为发行人服务，是否与发行人存在关联关系或其他利益安排，是否曾任、现任发行人股东或员工。

19. 关于捐赠

请发行人：

（1）补充披露捐赠的原因、合理性及必要性。

（2）补充披露受捐赠主体与发行人、控股股东、实际控制人、董事、监事、高级管理人员及其近亲属是否存在关联关系，捐款是否真实捐赠至有权接收方。

20. 关于递延所得税资产

请发行人：

补充披露可抵扣亏损所确认的递延所得税资产对应的具体子公司经营情况，相关子公司未来能否产生足够的应纳税所得额弥补亏损，相关递延所得税资产的减值准备计提是否充分。

21. 自费药房

请发行人：

（1）补充披露报告期内医保结算金额及占主营业务、净利润比重，人均医保结算金额及占人均总诊金比重。结合发行人报告期内主营业务收入、净利润、各类型主营业务、具体诊疗项目、就诊人数、手术次数、住院人数、人均诊金金额等各方面的变化情况，补充披露医保控费政策对发行人业务的具体冲击；该情况是否将导致发行人经营业绩持续下滑，是否对发行人持续经营产生重大不利影响。

（2）结合医疗行业“重点监测药品目录”规定的内容，补充披露报告期内发行人所销售的药品是否在各年的“重点监测药品目录”中；报告期内上述“重点监测药品目录”涉及的药品销售对发行人的收入及净利润的贡献情况，销售方式及流程是否与其他药品不同，定价模式是否与其他药品不同，是否存在国家强制定价的情况；该政策是否对发行人业务及业绩构成重大不利影响。

（3）结合医疗行业“两票制”“带量采购”规定的行业政策，补充披露上述政策对发行人销售、盈利能力的影响，是否对发行人经营构成重大不利影响。

（4）补充披露报告期内是否存在违反相关行业政策情形，是否受到过行政处罚。

22. 国有性质物业

请发行人：

（1）分别列示未获得相关国有资产证明文件的国有性质物业，未获得当地房管、土地部门证明文件的划拨用地的面积、使用用途、占总租赁面积比重、占总生产经营面积比重；补充说明该物业是否属于发行人生产经营所必需场所，目前是否已存在强制拆迁的计划，是否约定对发行人的补偿，该权属瑕疵是否对发行人持续生产经营构成重大不利影响。

（2）补充披露国有性质资产及划拨用地、集体用地间的对应关系，获取了国有资产证明的房产及获得了当地房管、土地部门证明文件的划拨用地、集体用地的对应关系；列表列示租赁的房产、土地中任一项未获得证明文件的房产、土地的用途、面积、占总租赁面积比重、占总生产面积比重，是否对发行人持续生产经营构成重大不利影响。

23. 关于医保款项

请发行人：

补充披露医保款不予支付的主要原因、医保预算资金确定的依据及标准，发行人针对超过医保预算资金和不予支付医保款的会计处理与同行业可比公司是否存在差异，是否需要对主营业务收入进行调整。

24. 关于对实控人等资金流水的核查

请结合《首次公开发行股票并上市管理办法》的内容补充说明：

（1）对实控人及其控制的其他企业、董事、监事、高级管理人员及其他关键人员银行账户的核查范围，包括银行账户数量，重要金额流水，账户主要用途情况，流水对手方信息中是否存在未申报的账户，账户清单范围是否完整。

（2）发行人分红款项的主要流向，上述银行账户是否与发行人客户、供应商以及其实控人、关键管理人员存在资金往来。若存在，请说明原因及合理性。

（3）发行人、实控人及其控制的其他企业、董事、监事、高级管理人员及其他关键人员银行账户是否存在大额取现、大额支付等情形，对手方情况，款项的主要用途及合理性，是否存在客观证据予以核实。

（4）实控人及其控制的其他企业、董事、监事、高级管理人员及其他关键人员银行账户中，是否存在与境外大额或频繁交易情形。若存在，请结合金额大小，补充披露交易的原因及合理性。

二、某新材料公司首次公开发行股票的常规审核问询案例

（一）问询事项清单

1. 关于主要产品
2. 关于间接股东控制的主要客户
3. 关于营业收入
4. 关于主要客户
5. 关于营业成本与采购
6. 关于主要供应商

7. 关于毛利率

8. 关于期间费用

9. 关于股份支付

10. 关于应收账款

11. 关于存货

12. 关于各类预付款、长期待摊费用与在建工程

13. 关于投资支付与收到的现金

14. 关于关联方和关联交易

15. 关于资金往来核查

（二）具体问询内容举例

1. 关于主要产品

请发行人：

（1）说明发行人主要产品所处细分市场构成和规模，行业内主要竞争对手及其情况，发行人在各细分市场的市场占有率和行业地位，发行人与同行业可比公司的竞争优劣势。

（2）结合发行人毛利率水平、主要产品技术门槛、技术水平、市场地位，以及与同行业可比公司比较情况，分析并说明发行人核心竞争力和竞争优劣势；发行人与主要客户其他供应商的产品相比是否较为同质化，发行人主营业务是否具备成长性。

（3）结合主要产品客户测试验证周期、主要产品与国内外竞争对手相比存在的差距和不足等，说明发行人磁性材料、纳米防护材料及其他产品销售规模较小的原因，是否存在技术研发、市场渠道等方面的实质障碍。

请保荐人发表明确意见。

2. 关于间接股东控制的主要客户

请发行人：

（1）结合相关协议、内部决策机制、合伙人间是否存在关联关系等，说明相关股东在发行人任职情况，持股平台的出资资金来源是否合法合规。

（2）说明相关股东持有与退出发行人员工持股平台的背景、原因，合伙份额受让方与作价公允性，该股东是否为发行人前员工，合伙份额受让方是

否为其代持。

请保荐人、发行人律师发表明确意见。

3. 关于营业收入

请发行人：

（1）说明与消费电子品牌商或其组装厂、零部件生产商开展业务，在获得终端消费电子品牌商认证、合同或订单获取与开发过程、产品类型、产品价格约定、收入确认时点、信用期及主要权利义务方面的异同；报告期各期向消费电子品牌商或其组装厂、零部件生产商的销售收入及占比情况，分析变动原因。

（2）按照智能手机、平板电脑、笔记本电脑、智能穿戴设备等分类说明报告期各期产品的营业收入、销量、单价构成，各主要终端品牌、主要终端产品型号与发行人向主要直接客户的销售金额及占比的对应情况，并说明不同终端品牌收入、占比及变动情况与相关品牌终端产品的出货量是否匹配；分析未来是否存在热管理材料收入下降的风险。

（3）说明境外销售的经营模式，客户与订单来源方式；报告期各期主要消费电子产品类型、主要直接客户与终端品牌商情况，并分析说明变动情况及原因；结合定价方式、产品结构、应用领域、客户需求等方面的差异说明主要产品外销单价大幅高于内销的原因及合理性。

（4）说明发行人主要产品获得下游及终端客户的认证情况，包括认证内容、认证时间、认证期限、主要权利和义务；发行人所销售产品是否均需获得下游或终端客户认证，目前向下游或终端客户申请认证的进展、预计获得认证时间。

（5）分析说明报告期各期各类产品在不同消费电子产品领域的单价差异原因；结合销售价格形成机制、市场需求、产品技术与工艺、发行人与客户议价能力、影响产品单价的其他主要因素，进一步分析说明产品单价逐年下跌的原因，预计是否将持续下跌；对比分析报告期各期同行业可比公司可比产品的单价情况，并说明差异原因及合理性。

（6）说明报告期各期第四季度月度收入、主要客户及其收入占比情况，是否存在主要在第四季度采购发行人产品的客户；结合下游及终端客户备货与生产周期、报告期各期各季度主要终端品牌商相关产品出货量变动情况进一步说明季度收入波动的合理性，报告期各期第四季度占比逐年提高的合理性。

（7）说明其他产品2020年收入同比下降的原因，是否存在收入持续下降风险；某种产品收入占比较低的原因，相关产品未来销售收入是否存在较大不确定性。

（8）说明报告期各期退换货金额及占比、原因、涉及客户等，相关会计处理方式；报告期内订单被取消的情况、客户、涉及金额及取消原因。

请保荐人、申报会计师发表明确意见，并说明：

①外销收入与海关出口数据、出口退税金额的匹配情况。

②对发行人营业收入真实性、截止性测试的核查工作情况，包括不限于核查相关文件、访谈、走访等具体工作，并说明核查范围、数量及占比情况。

③对发行人境内外收入、境内外客户应收账款函证的具体情况，包括函证金额及比例、回函相符金额及比例、回函不符但经调节后相符金额及比例、回函不符原因、未回函金额及比例、未回函的原因、替代性测试的具体情况。

4. 关于主要客户

请发行人：

（1）结合同行业可比公司在报告期各期前五名客户集中度情况，说明发行人前五名客户收入占比及占比变动的合理性。

（2）分别列示消费电子品牌商或其组装厂、零部件生产商客户在报告期各期按产品收入规模分类的客户数量、销售金额、销售量、销售单价、毛利率、期后回款情况，并分析说明前述数据的合理性及变动原因；按消费电子品牌商或其组装厂、零部件生产商客户分类，说明报告期各期新增与减少客户数量情况，并分析说明变动原因。

（3）分别列示报告期各期消费电子品牌商或其组装厂、零部件生产商前五名客户情况，包括客户名称、销售金额及占比、毛利率、主要销售产品、主要终端品牌及终端产品类型，与客户对应的终端产品销量是否匹配；上述主要客户的主营业务、成立时间、注册资本、主要下游客户、合同或订单获取方式、初始合作时间、销售占该客户同类别产品采购的比例、订单连续性与可持续性情况，是否存在客户采购规模与其注册资本或经营生产规模不匹配、同类型产品主要向发行人采购情况；结合新进入前五名客户在进入前的销售收入、退出前五名客户在退出后的销售收入等信息，说明报告期各期消费电子品牌商或其组装厂、零部件生产商新进入与退出前五名客户的原因；报告期内是否存在同一期间既间接又直接向终端品牌商销售商品情况。如存在，请说明具体情况及原因。

(4) 说明报告期各期主要外销客户情况，包括客户名称、客户所在地、主要销售产品、销售金额、数量、毛利率情况，并说明报告期各期主要外销客户变动的原因。

请保荐人、申报会计师说明对发行人向非终端品牌商所销售产品是否实现终端销售所实施的核查工作，说明核查方式、过程，并发表明确意见。

5. 关于营业成本与采购

请发行人：

(1) 说明产品成本中直接人工、制造费用的分配方式；报告期各期各主要产品的成本构成情况，分析成本构成合理性及变动原因；报告期各期产品的直接材料构成情况，并说明构成变动原因。

(2) 说明报告期各期主要原材料的采购耗用比、损耗率情况，并说明变动的原因；按产品分类，进一步量化分析影响报告期各期产品单位成本中原材料价格、单耗原材料、技术与设备及相关补贴对单位成本的综合影响；报告期各期产品原材料变动情况；结合产品结构、生产工艺变化等进一步说明两类产品单耗原材料变动的原因及合理性。

(3) 说明主要原材料采购单价逐年下降的原因，结合公开市场、第三方资料、可比公司同类型原材料采购单价等，说明报告期各期主要原材料采购单价的公允性；结合各类产品原材料构成情况说明其他类别原材料占比较大的原因，分析其采购价格公允性与采购金额占比波动原因。

(4) 说明报告期各期生产人员数量与产量的匹配关系，人员工资与同行业可比公司、当地平均工资的对比情况。

(5) 说明制造费用明细，并分析其变动情况，说明生产设备与产量的匹配关系；结合报告期各期各类产品销量及其成本构成量化说明制造费用占比变动的原因。

（6）说明报告期各期主要外协加工工序的金额及占比，分析外协加工定价的公允性。

（7）说明报告期各期主要能源耗用与产量的匹配关系，能源采购单价是否存在异常。

请保荐人、申报会计师发表明确意见，并说明采购核查的方法、过程及结论，走访发行人主要供应商情况、向供应商发函及回函情况。

6. 关于主要供应商

请发行人：

（1）说明报告期各期通过贸易商、原材料生产商采购原材料金额情况，部分原材料通过贸易商采购的原因，是否存在同一期间内同一原材料既通过贸易商又通过原材料生产商采购情况。如存在，请说明报告期各期发生情况，对比采购单价并分析说明差价的原因。

（2）说明报告期各期采购进口原材料情况，包括原材料名称、金额、数量、单价、直接供应商、生产商；采购进口原材料的原因，是否由客户指定，分析原材料供应稳定性。

（3）说明报告期各期向非前五名供应商采购产品的单价与主要供应商情况，采购单价是否存在异常，向非主要供应商零星采购产品的原因及合理性。

（4）说明报告期各期主要原材料供应商情况，包括名称、主营业务、注册资本、成立时间、初始合作时间，报告期各期的采购金额、数量、单价，并说明报告期内各主要原材料主要供应商变动的原因，是否存在采购单价异常、成立时间较短、注册资本或经营规模与交易规模不匹配、发行人采购量占其销售比较大的主要供应商。

（5）说明 A 公司采购金额逐年上升的原因，是否存在客户指定向 A 公司采购情况；说明向 B 公司的采购金额逐年下降，且 B 公司在 2020 年退出发行人前五名供应商的原因，发行人与 B 公司是否存在纠纷。

（6）说明报告期各期存在向同一供应商采购多种原材料的情况及原因。

（7）结合存在客户指定供应商销售合同的相关约定、发行人对于指定采购的可选择权、客户与供应商关系、该原材料是否为供应商定制的产品、客户是否要求其上游指定供应商采购等，说明该类业务购买和销售相互独立的依据；对比非指定供应商采购的原材料单价，说明向指定供应商采购价格的公允性；说明客户指定供应商采购的原材料为非发行人主要采购原材料类型的原因。

（8）说明报告期各期按采购金额规模分类的“其他”原材料供应商数量分布情况，分析说明数量分布的合理性，并说明采购金额较大供应商的基本情况、主要采购的原材料及采购价格公允性。

请保荐人、申报会计师发表明确意见。

7. 关于毛利率

请发行人：

（1）结合报告期各期影响产品单位价格与单位成本具体因素的变化情况，进一步量化分析各类产品毛利率变动的原因；量化分析其他产品的毛利率波动较大的原因。

（2）按照智能手机、平板电脑、笔记本电脑、智能穿戴设备等消费电子应用领域分类说明报告期各期产品毛利率情况，结合各主要终端品牌、终端产品的情况说明不同领域毛利率差异的原因。

（3）选取报告期各期可比公司可比产品的毛利率，并结合产品生产流程、上下游、终端应用领域、产品特性等说明发行人产品毛利率与同行业可比公司的差异原因。

请保荐人、申报会计师发表明确意见。

8. 关于期间费用

请发行人：

（1）结合人员变动及构成、薪酬政策等，说明报告期各期销售人员、管理人员、研发人员人均薪酬变动的原因；对比同行业可比公司、同地区相关工种人员薪酬情况，说明发行人人均薪酬的合理性。

（2）说明为拓展客户资源支付的服务费及佣金是否构成新收入准则下合同成本中“取得合同的增量成本”；报告期各期通过支付服务费拓展的客户资源及收入情况，费用支出与收入是否配比；主要居间服务商的情况、合作原因与合作历史，与发行人及其关联方是否存在关联关系；发行人是否获得居间服务相关的采购发票，相关发票的内容与性质，是否可税前抵扣；结合同行业可比公司业务拓展情况，说明通过支付服务费及佣金方式拓展业务是否符合行业惯例，是否存在通过该类服务商为发行人承担成本费用、实施商业贿赂情况。

（3）结合产品销量、销售区域等，说明报告期内运输费、报关相关费用与产品销售的匹配性。

（4）结合发行人与可比公司报告期各期管理费用、研发费用下各项明细占营业收入比例的对比情况，进一步量化说明发行人两项期间费用率低于同行业可比公司的合理性。

（5）对比同行业可比公司与发行人报告期内在研发投入与项目方面的差异情况、收入规模变动情况、行业发展方向等说明发行人研发费用率低于各同行业可比公司的原因。

请保荐人、申报会计师发表明确意见，请发行人律师对问题（2）发表明确意见。

9. 关于股份支付

请发行人：

（1）结合《首次公开发行股票并上市管理办法》的规定，说明各次股份支付事项的相关内容，确定权益工具公允价值的具体过程、依据及公允合理性，结合服务期限、锁定期等约定分析股份支付一次计入当期损益的合理性。

（2）说明三次股权激励均采用定增价格作为股权公允价值参考依据的原因，结合三次股权激励股份授予时点发行人的经营业绩、成长预期、同行业可比企业市盈率情况等，说明各次定增价格的公允性。

请保荐人、申报会计师发表明确意见。

10. 关于应收账款

请发行人：

（1）对比同行业可比公司应收账款按账龄计提的比例情况，说明发行人设定的比例是否谨慎。

（2）说明截至目前应收账款、逾期款的期后回款情况，尚未回款的原因及预计回款时间；对比报告期各期末应收账款前五名与当期营业收入前五名的客户情况，说明差异原因。

（3）说明报告期各期末逾期款客户情况，逾期款占比较高的原因。

请保荐人、申报会计师发表明确意见。

11. 关于存货

请发行人：

（1）说明报告期各期末各项目存货库龄及对应存货跌价准备计提情况；结合报告期各期末原材料与产品保质期、在手订单、库龄、存货跌价测试的具体方式，说明存货跌价准备计提的充分性；对比发行人与同行业可比公司报告期各期末存货跌价准备计提比例情况，并说明差异原因及合理性。

（2）说明报告期各期末各项存货期后 3 个月、6 个月与截至目前的结转情况，并说明 2018 年、2020 年存货周转率均低于全部可比公司的原因。

（3）说明发出商品余额较大的原因，是否存在 VMI 销售模式。如存在，请说明相关情况、相关收入确认依据、相关销售合同的主要约定。

（4）说明报告期各期末主要原材料、在产品、自制半成品、库存商品、发出商品、委托加工物资、低值易耗品的具体状态、存放地点、存放地权属、盘点过程等相关信息；在产品与自制半成品区别，合同履约成本的内容及核算方式。

请保荐人、申报会计师发表明确意见。

12. 关于各类预付款、长期待摊费用与在建工程

请发行人：

（1）说明不同产品原材料供应商的付款方式；2020 年年底在手订单金额、相关客户情况与约定的交货时间，并结合原材料送货、生产备货周期说明 2020 年年底预付原材料款较大的原因；该笔预付款的期后结转时点。

（2）说明其他非流动资产中 2019 年年底与 2020 年年底存在较大金额预付设备款的原因，期后结转情况。

（3）说明 2020 年存在对厂房及办公室装修支出的原因，相关费用支出的公允合理性。

（4）说明预付设备款、装修工程供应商、生产及研发中心建设项目的主要供应商情况，与发行人及其关联方是否存在关联关系。

请保荐人、申报会计师发表明确意见，并对发行人是否存在通过预付原材料、设备款项，虚构装修、项目工程实施体外资金循环情况，说明核查依据、过程，并发表明确意见。

13. 关于投资支付与收到的现金

请发行人说明报告期各期投资支付与收到的现金的构成，是否存在购买理财产品情况。如存在，请说明资金来源、发生额、未到期余额及逾期未收回金额情况，是否存在购买银行以外机构发售的理财产品，是否存在单项金额重大或安全性较低、流动性较差的高风险委托理财。

请保荐人、申报会计师发表明确意见，说明对发行人购买理财产品与大额存单的真实性，是否存在通过理财产品体外资金循环的核查工作，并发表明确意见。

14. 关于关联方和关联交易

请发行人：

(1) 结合市场价格说明发行人主要客户交易定价公允性。

(2) 说明报告期各期上述前关联方与发行人客户、供应商等方面是否存在重合，与发行人主要客户、供应商是否存在关联关系或资金往来，是否存在同业竞争。

请保荐人、发行人律师、申报会计师发表明确意见。

15. 关于资金往来核查

请保荐人、申报会计师结合《首次公开发行股票并上市管理办法》的要求说明：

(1) 对发行人及其控股股东、实际控制人、发行人主要关联方、董事、监事、高级管理人员、关键岗位人员等开立或控制的银行账户流水的具体核查情况，包括但不限于资金流水核查的范围、核查账户数量、取得资金流水的方法、核查完整性、核查金额重要性水平、核查程序、异常标准及确定程序、受限情况及替代措施等。

(2) 核查中发现的异常情形，包括但不限于是否存在大额取现、大额收付等情形，是否存在相关个人账户与发行人客户及实际控制人、供应商及实际控制人、发行人股东、发行人其他员工或其他关联自然人的大额频繁资金往来。若存在，请说明对手方情况，相关个人账户的实际归属、资金实际来源、资金往来的性质及合理性，是否存在客观证据予以核实。

(3) 结合上述情况，进一步说明针对发行人是否存在资金闭环回流、是否存在体外资金循环形成销售回款或承担成本费用、是否存在股份代持等情形所采取的具体核查程序、各项核查措施的覆盖比例和确认比例、获取的核查证据和核查结论，并就发行人内部控制是否健全有效、发行人财务报表是否存在重大错报风险发表明确意见。

三、某新能源公司首次公开发行股票的常规审核问询案例

(一) 问询问题清单

1. 关于历史沿革
2. 关于关联方及关联交易
3. 关于董事、高级管理人员
4. 关于子公司
5. 关于员工持股平台
6. 关于业务及行业政策
7. 关于产品质量
8. 关于经营资质及其合法合规性
9. 关于房屋租赁
10. 关于仓储物流
11. 关于税收优惠
12. 关于销售模式
13. 关于营业收入与客户
14. 关于营业成本与供应商
15. 关于毛利率
16. 关于期间费用
17. 关于应收账款
18. 关于存货
19. 关于非流动资产
20. 关于财务内控规范性

（二）具体问询内容举例

1. 关于历史沿革

请发行人：

（1）说明报告期内发行人历次股权增资的背景、原因、价格、定价依据及公允性、整体估值变化情况，是否存在委托持股、信托持股、利益输送或其他利益安排，相关股权代持是否已经彻底清理，是否存在纠纷或者潜在纠纷。

（2）各合伙人的基本情况，是否为适格股东，与发行人以及其他股东、实际控制人、董事、监事、高级管理人员、核心技术人员、本次发行中介机构及其负责人、签字人员之间是否存在亲属关系、关联关系、委托持股、信托持股或利益输送安排，是否存在对赌协议等特殊协议或安排，是否存在纠纷或潜在争议。

（3）报告期内发行人历次股权增资、转增股本、利润分配及整体变更等过程中涉及的控股股东及实际控制人缴纳所得税、发行人代扣代缴情况，是否存在违反税收法律法规等情形，是否构成重大违法违规行为。

（4）发行人股东与发行人实际控制人、董事、监事、高级管理人员、关键岗位人员、发行人主要客户、供应商及其主要股东、实际控制人、本次发行中介机构相关人员之间是否存在关联关系、代持关系、对赌协议或其他利益安排。

（5）补充报告期内历次股份变动是否涉及股份支付。如是，披露会计处理情况。

请保荐人、发行人律师、申报会计师发表明确意见。

2. 关于关联方及关联交易

请发行人：

（1）说明报告期内发行人实际控制人及亲属控制、实施影响的关联方的基本情况、股本结构、实际业务、最近一期的主要财务数据、主要客户及供应商，与发行人客户及供应商是否存在重叠，是否存在关联交易非关联化的情形，是否存在为发行人承担成本或费用的情形。

（2）说明发行人关联方的股东、董监高及核心技术人员与发行人及子公司的客户、供应商、核心人员是否存在交叉重叠情况，是否存在其他特殊利益安排。

（3）说明关联公司注销前的股本结构、实际业务、注销的原因，发行人与其关联交易的交易背景、必要性、商业合理性、相关交易与发行人主营业务之间的关系、关联交易的定价公允性、履行程序的合法合规性。

（4）说明报告期内实际控制人及亲属转让、注销的关联方在转让、注销前的主营业务、最近一期的主要财务数据、转让或注销的原因，是否涉及违法违规行为，是否存在破产清算吊销营业执照的情形，以及注销后资产、业务、人员的去向，注销程序及债务处置的合规性；注销前、转让前后，相关关联方及其实际控制人是否与发行人及其关联方、主要客户、供应商之间存在资金、业务往来，是否存在关联交易非关联化的情形或其他利益安排。

请保荐人、发行人律师发表明确意见。

3. 关于董事、高级管理人员

请发行人：

（1）说明董事、高级管理人员在发行人经营管理中发挥的具体作用，其离任发行人是否会对发行人持续经营能力产生重大不利影响，并根据《深圳证券交易所创业板股票首次公开发行上市审核问答》关于实际控制人认定的相关规定，说明认定实际控制人的理由及合理性。

（2）说明发行人董事、财务总监入职及离职的原因，是否对发行人报告期财务数据存在异议；根据《深圳证券交易所创业板股票首次公开发行上市审核问答》关于最近两年内董事、高级管理人员没有发生重大不利变化的相关规定，说明发行人最近两年内董事、高级管理人员是否发生重大不利变化及其依据。

请保荐人、发行人律师发表明确意见。

4. 关于子公司

请发行人：

（1）说明设立或收购各子公司原因、背景和必要性，母公司、子公司的各自业务分工和定位以及同一地区境外子公司的各自业务分工和定位，发行人投资和收购境外子公司是否符合发改部门、商务部门、外汇部门等审批或备案程序；各子公司设立和存续的合法合规性，在环保、税收、劳工、产品质量等各方面是否符合所在国家或地区的法律法规规定，是否存在被当地有权机关处罚的情形，是否涉及诉讼、仲裁或其他争议或纠纷。

（2）说明被收购主体设立目的、被收购前一年财务数据和主营业务开展情况，在资产、财务、机构、人员、技术、客户、供应商等方面与发行人的关系，收购价格是否公允，履行的审议及审计评估的程序及其合法合规性，收购前是否存在为发行人承担成本支出或费用的情形，是否存在利益输送。

（3）除发行人实际控制人之外的其他原股东的基本情况，股东及其控制的企业，是否与发行人控股股东、实际控制人、董事、监事、高级管理人员、关键岗位人员、主要客户、供应商以及中介机构之间存在资金、业务往来、关联关系或其他利益安排。

请保荐人、发行人律师发表明确意见。

5. 关于员工持股平台

请发行人：

（1）说明发行人管理团队及员工持有的出资份额是否存在员工服务年限、业绩条件、锁定期等安排，是否构成可行权条件的限制，一次性计入当期费用是否符合《企业会计准则》的规定。

（2）说明股权激励事项涉及股份或合伙企业份额转让的具体情况，包括但不限于权益工具的授予价格、数量、具体对象及其任职情况（包括后续岗位变动情况），并说明授予权益工具公允价值的确定方法和结果是否合理，进而论证股份支付的会计处理是否符合《企业会计准则》及相关规定。

（3）说明合伙人在发行人担任的职务与其在该员工持股平台出资比例的匹配关系。

请保荐人、发行人律师、申报会计师根据《深圳证券交易所创业板股票首次公开发行上市审核问答》关于员工持股计划的规定发表明确意见。

6. 关于业务及行业政策

请发行人：

（1）按照境外主要销售国家和地区，说明发行人产品在当地的行业格局、主要竞争对手、发行人采取的主要营销推广策略、报告期内在当地市场占有率变化情况；结合产品国内外主要竞争对手的产品研发设计、产品质量、价格水平与定价能力等情况，说明发行人在行业中的竞争地位；说明相关奖项评选情况，数据来源是否权威，是否存在刷榜等违规行为。

（2）结合发行人产品的新产品研发周期、技术水平、产品质量等特征及与竞争对手差异，说明发行人核心技术的竞争优势及先进性，发行人核心技术为行业通用技术还是独创技术，是否存在被其他技术替代的风险。

（3）说明发行人开展关联业务的背景、业务的可持续性和发展趋势、主要客户情况，产品是否存在捆绑销售的情况。

（4）测算如发行人主要产品关税对公司经营业绩及持续盈利能力的影响，并补充相关风险提示。

请保荐人发表明确意见。

7. 关于产品质量

请发行人：

（1）说明报告期内是否存在产品质量纠纷或质量事故，是否因此承担赔偿责任，发行人的产品质量内部控制流程和有效性。

（2）说明发行人与供应商关于产品质量责任的划分以及产品质量问题导致销售延期、退换货的约定，是否清晰。

（3）说明报告期内发行人不合格产品召回的背景、原因、次数、及时性，对应产品的数量、种类、价值金额，报告期内发行人不合格产品召回制度、产品报废管理制度的建立和执行情况。

（4）说明主要产品的生命周期和质保期，发行人的售后服务制度相关情况；报告期内消费者无理由退货的商品分别对应的产品数量及占比、订单数量及占比、交易金额及占比。

请保荐人、发行人律师核查并发表明确意见。

8. 关于经营资质及其合法合规性

请发行人：

（1）说明报告期内发行人及其子公司在境内外销售产品是否符合销售地关于相关产品的资质、流程、销售对象限制等相关规定；境内外经营各项资质认证是否存在有效期，到期后的续期条件及所需履行的续期程序，是否存在丧失相关资质的风险，并就未申请续期或未获准续期对发行人的业绩影响进行分析。

（2）说明发行人在开展业务过程中是否可以获取用户相关个人信息和商

业秘密等数据，报告期内是否存在数据泄露造成发行人及客户损失的情形，是否已建立完善防泄密和保障网络安全的内部管理制度，是否存在发行人利用相关个人消费者或企业客户信息进行牟利等违法违规行为，是否符合国家数据保护和网络安全等法律法规的规定。

(3) 说明报告期内发行人是否存在重大违法行为及其依据。

(4) 说明发行人结售汇是否符合外汇管理方面的有关规定，出口业务是否符合海关、税务等法律法规的规定。

(5) 说明发行人及其关联方是否存在通过自身或委托第三方对发行人境外线上销售业务进行寄发空包裹、虚构快递单号或利用真实快递单号等方式“刷单”、虚构交易、提升信誉等行为。如存在，请说明相关行为对发行人经营业绩的影响，是否存在关店风险，是否构成违法违规行为及本次发行上市的法律障碍。

(6) 说明发行人在境内外各电商平台店铺数量、经营期间是否曾存在被各电商平台关店的情形；报告期内发行人进行销售的各电商平台是否对发行人采取过处罚等相关措施。如有，请说明处罚的基本情况，包括但不限于背景、原因、对发行人责任认定及认定依据、处理措施及结果，是否构成违法违规行为。

(7) 说明报告期内发行人广告宣传方式是否符合《中华人民共和国广告法》及《互联网广告管理暂行办法》等法律法规及行业监管政策的规定，是否受到过行政处罚。

(8) 说明报告期内发行人是否存在商业贿赂等违法违规行为，是否有股东、董事、高级管理人员、员工因商业贿赂等违法违规行为受到处罚或被立案调查。

请保荐人、发行人律师发表明确意见，说明核查过程。

9. 关于房屋租赁

请发行人：

(1) 说明各处租赁房屋租金情况，定价是否公允，出租方与发行人及其控股股东、实际控制人、董事、监事、高级管理人员、其他核心人员以及本次发行中介机构及签字人员，是否存在关联关系或其他利益关系。

(2) 说明主要租赁房屋建筑物是否存在抵押的情况，房屋所有权人是否存在债务纠纷情况。如存在，请说明基本情况，发行人是否存在续租障碍和搬迁风险。

请保荐人、发行人律师发表明确意见。

10. 关于仓储物流

请发行人：

（1）按主要销售地区，列示报告期内通过自发货实现的销售收入金额及占比；列示报告期内主要合作的第三方物流公司和快递公司的基本情况，运量及占比、运费金额及占比。

（2）说明各销售地区的税费政策，是否存在通过邮政小包发货规避销售地销售税费的情况。

（3）说明发行人在海外亚马逊仓库、第三方仓储的主要情况，包括所在地、仓库面积、租金费用等，是否与存货匹配。

请保荐人、申报会计师、发行人律师发表明确意见。

11. 关于税收优惠

请发行人：

（1）说明发行人当前所享受的税收优惠是否具有可持续性，续期申请资质是否存在障碍。

（2）说明研发费用加计扣除准确性、合规性及税务部门的认定情况，报告期内研发费用加计扣除数与研发费用差异情况。

（3）结合公司不同纳税主体适用企业所得税率不同的情况，详细分析说明是否存在通过内部交易不公允定价方式规避税负的情形。

（4）说明报告期内增值税的进项税额与原材料采购金额、销项税额与销售收入之间的关系，报告期出口退税与海外收入之间的勾稽关系。

请保荐人、申报会计师、发行人律师发表明确意见。

12. 关于销售模式

请发行人：

（1）根据具体销售模式，说明报告期通过各第三方线上平台、品牌官网和各线下渠道实现的销售收入金额及占比，分析各渠道销售金额增长较快的原因及合理性，并比较不同渠道的毛利率差异情况，分析原因及合理性。

（2）说明各销售模式下与线上线下各个渠道方的合作模式及主要商业条

款，如定价方式及同类产品价格、合作方式、买断约定、返利或折扣政策、退换货政策等及各渠道的主要差异，分析各类差异的商业合理性。

（3）说明报告期内发行人向主要线上电子商务平台和线下渠道支付的平台服务费或渠道费金额、费率、折扣或返利情况，并分析相关销售平台费用金额及占比与发行人销售规模是否匹配。

（4）说明线下渠道销售与直销的区别，相关销售的性质是否属于经销或代销，并分别说明线下各类销售模式下对应的主要客户渠道收入及占比情况；进一步说明相关合作的具体约定及商业合理性。

（5）针对线上 B2C 模式，说明线上 B2C 模式报告期涉及各平台的名称、收入金额、交易次数、平均单次交易金额、客户数量、人均消费金额等，分析其合理性，是否存在异常情形及原因。

（6）说明报告期内电商平台入仓模式下的各平台的名称、收入金额，该模式下是否可以掌握终端销售客户的相关信息。如是，说明各平台下终端客户的数量、交易次数、平均单次交易金额、人均消费金额。

（7）说明各平台的销售是否存在买方和实际付款方不一致的代为付款情况。若存在，说明各期的金额及原因。

（8）结合业务流程说明计算机系统的相关控制环节，并对关键控制环节的设置、执行情况进行详细说明。

（9）结合发行人各类销售模式下的实物、资金流转和收入实现过程，如相关合同约定、相关产品的流转和控制权转移时点、退换货条款及实际发生情况、具体确认依据等，进一步分析说明各销售模式下收入确认时点是否准确，相关会计处理是否符合《企业会计准则》的规定。

请保荐人、申报会计师对上述事项发表明确意见，并说明对各类销售模式下收入及客户的核查方法、核查比例、取得的核查证据及核查结论，并对收入的真实性发表明确意见。

另请保荐人、申报会计师对发行人计算机系统及相关内部控制的设计是否合理、执行是否有效进行专项核查并发表明确意见，说明核查的方法及可行性的依据、核查过程中发现的异常情况及合理性解释。如申报会计师对发行人进行 IT 审计，概括说明 IT 审计的基本情况并提供相关 IT 审计报告。

13. 关于营业收入与客户

请发行人:

(1) 结合主营产品市场需求情况、同类产品的市场销售情况、行业竞争格局情况等，进一步分析说明各期产品收入爆发式增长的原因及合理性，报告期产品结构调整及产品销售逐年下降的原因及合理性。

(2) 结合发行人各期收入的区域分布情况，分析说明发行人产品在不同区域销售收入增长或下降的原因及合理性。

(3) 结合报告期汇率变动、产品结构差异等因素，分析说明发行人境内、境外产品价格变动及差异的原因；结合发行人产品定价及销售方式等因素，分析线上店铺销售的客单价分布是否合理。

(4) 结合发行人对各地区客户销售的产品属于海外国家和地区贸易摩擦加征关税和反倾销政策的具体类型和报告期内收入占比、加征关税和反倾销后对海外销售的实际影响，有关税收承担机制的最新进展等情况，说明是否存在影响发行人经营业绩的重大国际贸易风险，相关风险是否充分揭示。

(5) 说明内外销分别对应的前五大客户的基本情况、合作历史及订单获取方式、定价原则、结算周期、交易价格及变动趋势、毛利率、退换货情况、向发行人采购占其同类产品采购的比例等，并结合有关因素分析披露相关交易的稳定性和持续性，并说明发行人的客户及其实际控制人或主要股东、关键经办人员与发行人是否存在关联关系或利益安排。

(6) 说明报告期内发行人与电商平台的业务合作模式的具体类型及收入占比，各合作模式下双方仓储、发货、配送等方面的具体权利义务关系。

请保荐人、申报会计师、发行人律师对上述事项发表明确意见。

14. 关于营业成本与供应商

请发行人:

(1) 结合各期产品结构及影响原材料、人工、制造费用的相关因素，进一步量化分析说明各期成本结构变动的原因及合理性。

(2) 比较分析各期主要原材料的采购价格与市场价格的差异原因及各期主要原材料采购价格的变动原因，进而论证说明相关采购价格的公允性。

(3) 说明报告期内主要原材料采购量、耗用量与产量的匹配关系，生产人员人均产量变动情况及原因，并分析说明报告期原材料、人工的投入产出及变动情况是否异常。

（4）进一步量化分析披露产品结构、原材料价格变动对单位成本的影响。

（5）比较发行人与同行业公司在生产人员工资的差异情况，并分析说明发行人生产人员工资水平的合理性。

（6）说明制造费用各细分项目构成及变动原因，包括结合各期相关固定资产及其变动情况匡算相关制造费用、折旧费金额的合理性、准确性，结合各期的产销情况匡算相关燃料动力、物料消耗、间接人工等发生额是否处于合理区间。

（7）补充说明报告期内发行人各类材料对应的主要供应商的基本情况和合作情况，包括主营业务、股权结构、实际控制人、注册资本、行业地位、经营规模、采购内容、平均采购单价、发行人向供应商的采购额及占该类产品采购额的比例、发行人采购额占供应商该类产品的销售额比例、开始合作的时间等，并说明相关供应商及其关联方与发行人是否存在关联关系或其他利益安排。

（8）补充说明报告期内外协加工涉及的产品、工序、加工费及占成本的比例、主要外协厂商的基本情况及是否与发行人存在关联关系及其他利益约定等情况，是否存在员工或前员工设立的外协厂商的情形；外协价格确定的依据、变动情况及是否具有公允性；发行人采购占主要外协厂商提供同类产品或服务的比重。

请保荐人和申报会计师发表明确意见，并说明对供应商的核查方法、核查比例及对采购真实性、成本完整性及准确性的核查结论。

15. 关于毛利率

请发行人：

（1）结合定价机制、市场情况、汇率情况及业务 / 产品结构等价格影响因素分析披露报告期内各产品单价变动原因，结合相关产品的细分产品结构、主要原材料价格变动及其他相关因素分析披露单位成本变动原因，并结合以上因素量化分析说明各产品报告期毛利率变化的原因及合理性。

（2）补充说明各类销售模式及渠道下的毛利率情况，并结合有关因素分析说明相关差异的原因及合理性。

（3）结合境内外销售产品结构及销售渠道等方面的具体差异情况，分析境内外销售毛利率差异的合理性。

(4) 结合发行人与可比公司在产品、业务模式、客户、主要原材料以及其他影响毛利率的主要因素，进一步分析并披露发行人与同行业各可比公司及可比业务毛利率存在差异的原因及合理性。

请保荐人、申报会计师说明对上述事项核查的方法、范围、过程、依据及结论，并发表明确意见。

16. 关于期间费用

请发行人：

(1) 补充说明销售人员、管理人员、研发人员的平均工资与当地和同行业平均工资水平的比较情况，是否存在其他主体为发行人员工支付费用的情形，并结合销售人员、管理人员、研发人员人数以及平均工资的变动情况进一步分析各项费用中职工薪酬变动的合理性。

(2) 结合发行人各平台的相关商业条款规定，分析说明各期销售平台费用与各平台线上销售收入的匹配关系，是否存在异常。

(3) 结合有关因素分析披露运费占收入比例及单位运费变动的原因及合理性，并分析各期仓储费用、运输费用与各期业务开展及销售收入是否匹配。

(4) 进一步说明各期推广费用的具体构成情况，各渠道的推广方式及费用发生额是否与相应收入情况匹配，并分析各期变动的合理性。

(5) 进一步说明报告期各期销售费用率、管理费用率及研发费用率变动的原因及合理性。

(6) 结合有关因素进一步量化分析报告期各期发行人与各可比公司管理、销售、研发费用率差异的原因，并论证合理性。

请保荐人和申报会计师说明对上述事项核查的方法、范围、过程、依据及结论，并发表明确意见。

17. 关于应收账款

请发行人：

(1) 说明报告期主要客户信用期及其他商业条件情况及在报告期内是否发生变化，是否存在放松信用条件以刺激销售的情形、发行人与相关客户的合作关系及相对商业地位是否稳定及可持续。

(2) 结合发行人业务特点，分析发行人报告期各类型客户（B端、C端）

的销售情况及其对应的应收/预收款项的匹配关系，并说明其合理性。

(3) 结合各期末相关应收款项账龄变化情况、逾期情况、期后回款情况、坏账实际核销情况等分析说明公司应收账款坏账准备计提是否充分。

(4) 结合发行人与同行业公司的业务特点及差异情况，说明应收账款周转率与同行业公司存在差异的原因。

请保荐人、申报会计师对上述事项发表明确意见，详细说明对发行人应收账款的函证情况，包括发函率、回函率、回函金额占各期应收账款余额比例、各期函证选取的标准等，说明相关核查是否支持核查结论。

18. 关于存货

请发行人：

(1) 结合发行人对下游需求的预测情况、采购生产周期、销售模式等，说明公司确定各类存货备货量的方法，并分析说明各期末各类存货余额的合理性及与业务的匹配关系。

(2) 结合业务情况，分析说明各期存货余额变动的原因及合理性。

(3) 说明发行人各期末库存商品、在途物资及发出商品期后结转成本情况。

(4) 补充说明各期末各类存货的库龄、状态及存放地点等情况，并说明计提存货跌价准备的具体方式，各类存货可变现净值的具体确认方法，结合库龄、产品价格等分析各类存货各期末跌价准备计提是否充分。

(5) 说明各期末存货的盘点情况，包括各存货所在地（特别是非在发行人仓库存货）对相关存货的管理、盘点方式，并说明相关存货管理的内部控制建立情况，是否有效并得到执行。

(6) 结合公司与同行业可比公司在存货备货、生产、销售周期等方面的差异，分析披露公司存货周转率与同行业存在差异的原因。

请保荐人、申报会计师发表明确意见，并说明对报告期存货实施的监盘程序、监盘范围、各类存货的监盘比例及监盘结果，是否存在异常情形。

19. 关于非流动资产

请发行人：

(1) 结合发行人的业务经营特点说明，相关固定资产规模与相关产能产量的匹配关系。

（2）说明相关固定资产、无形资产的折旧 / 摊销政策，并分析其是否谨慎、合理，是否与同行业可比公司一致，各期折旧 / 摊销计提是否准确。

（3）补充说明报告期内对主要非流动资产进行减值测试的具体方法及公司减值准备计提是否充分；请中介机构结合相关资产持有目的、用途、使用状况等，核查发行人长期资产可收回金额的确定方法是否恰当，资产减值相关会计处理是否谨慎。

请保荐人、申报会计师说明对上述事项核查的方法、范围、过程、依据及结论，并发表明确意见。

20. 关于财务内控规范性

请发行人对照《深圳证券交易所创业板股票首次公开发行上市审核问答》关于财务内控不规范的规定，逐一披露发行人报告期内是否存在相关内控不规范的情形，以及相关事项的整改情况。

请保荐人、申报会计师按照《深圳证券交易所创业板股票首次公开发行上市审核问答》的规定对相关事项进行核查，并发表明确意见。

四、银行流水核查问询与回复案例

请保荐人、申报会计师结合《首次公开发行股票并上市管理办法》的要求说明：

（一）对发行人及其控股股东、实际控制人、发行人主要关联方、董事、监事、高级管理人员、关键岗位人员等开立或控制的银行账户流水的具体核查情况，包括但不限于资金流水核查的范围、核查账户数量、取得资金流水的方法、核查完整性、核查金额重要性水平、核查程序、异常标准及确定程序、受限情况及替代措施等进行说明

回复如下：

1. 资金流水核查的范围、核查账户数量

根据《首次公开发行股票并上市管理办法》要求，结合发行人所处经营环境、行业类型、业务流程、规范运作水平、主要财务数据水平及变动趋势、所处经营环境等因素，对发行人相关资金流水进行核查。确定发行人资金流水核查主体的范围为发行人、发行人子公司、实际控制人及其配偶、实际控

制人控制的其他企业、董事（不含外部董事和独立董事）、监事、高级管理人员、关键岗位人员。具体核查的范围及核查账户数量情况如表 6-1 所示。

表 6–1 核查范围及核查账户数量表

序号	与发行人关系	核查主体	资料获取情况	检查账户个数
1	发行人	A 公司	报告期内银行资金流水，发行人子公司“已开立银行结算账户清单”，企业征信报告，货币资金明细账，发行人关于已完整、准确、全面提供了发行人账户设置信息的承诺函	34
2	发行人子公司	B 公司	报告期内银行资金流水，发行人子公司“已开立银行结算账户清单”，企业征信报告，发行人子公司关于已完整、准确、全面提供了发行人子公司账户设置信息的承诺函	4
3	发行人子公司	C 公司	报告期内银行资金流水，发行人子公司关于已完整、准确、全面提供了发行人子公司账户设置信息的承诺函	3
4	发行人子公司	D 公司	报告期内银行资金流水，发行人子公司“已开立银行结算账户清单”，企业征信报告，发行人子公司关于已完整、准确、全面提供了发行人子公司账户设置信息的承诺函	1
5	实际控制人控制的企业	E 公司	报告期内银行资金流水，关于银行账户和银行流水完整性的承诺	1
6	发行人的实际控制人	赵某某	报告期内银行资金流水，关于银行账户和银行流水完整性的承诺	18
7	发行人董事、副总经理、持股 5% 以上的自然人股东	赵某某	报告期内银行资金流水，关于银行账户和银行流水完整性的承诺	20
8	发行人董事、副总经理、持股 5% 以上的自然人股东	钱某某	报告期内银行资金流水，关于银行账户和银行流水完整性的承诺	13

续表

序号	与发行人关系	核查主体	资料获取情况	检查账户个数
9	发行人研发总监	孙某某	报告期内银行资金流水，关于银行账户和银行流水完整性的承诺	22
10	发行人监事会主席、IT流程部总监	李某某	报告期内银行资金流水，关于银行账户和银行流水完整性的承诺	23
11	发行人实际控制亲属、运营副总	周某	报告期内银行资金流水，关于银行账户和银行流水完整性的承诺	13
12	发行人监事	吴某	报告期内银行资金流水，关于银行账户和银行流水完整性的承诺	17
13	发行人副总经理	郑某某	报告期内银行资金流水，关于银行账户和银行流水完整性的承诺	20
14	董事会秘书	王某某	报告期内资金流水、银行账户清单关于银行账户和银行流水完整性的承诺	16
15	发行人财务总监	郭某某	报告期内资金流水、银行账户清单、关于银行账户和银行流水完整性的承诺	27
16	发行人财务经理	蒋某某	报告期内资金流水、银行账户清单、关于银行账户和银行流水完整性的承诺	14
17	发行人原财务经理	江某某	报告期内资金流水、银行账户清单、关于银行账户和银行流水完整性的承诺	15
18	监事配偶、出纳	杨某某	报告期内资金流水、银行账户清单、关于银行账户和银行流水完整性的承诺	13
19	发行人实际控制人配偶	张某某	报告期内资金流水、银行账户清单、关于银行账户和银行流水完整性的承诺	14

2. 取得资金流水的方法及完整性核查

(1) 法人主体。根据“已开立银行结算账户清单”，保荐机构和申报会计师实地前往“已开立银行结算账户清单”中所列示的报告期内存续及注销的银行获取账户交易流水。打印后的流水由银行对公柜台经办人员亲自递交给保荐机构和申报会计师。

通过与银行函证中确认的发行人报告期内各期末的相关银行账户（包括零余额账户）以及各报告期注销的银行账户情况比对，复核相关银行账户的完整性。通过核对银行对账单和日记账，比对银行账户期初期末余额的连续性，复核相关账户银行流水的完整性。

（2）自然人主体。保荐机构和申报会计师陪同实际控制人及其配偶、董事、监事、高级管理人员、关键岗位人员等自然人实地前往其各开户银行打印报告期银行流水以及报告期内注销银行卡的流水，并由保荐机构和申报会计师亲自从银行柜台经办人员手中获取。

保荐机构和申报会计师前往自然人各开户行以及相关银行，对上述自然人在银行的开户情况及个人账户清单进行了查询，以复核自然人所提供银行账户的完整性。

保荐机构和申报会计师对上述自然人名下银行互转情况和相互之间的银行转账记录进行了交叉核对，复核流水获取的完整性。保荐机构和申报会计师取得了实际控制人及其配偶、董事、监事、高级管理人员、关键岗位人员等自然人主体提供的关于其提供的银行账户和银行流水完整性的承诺函。

3. 核查金额重要性水平

对于发行人及其子公司，综合考虑财务报表审计重要性水平、公司的经营模式以及内部控制的有效性等因素，选取发行人单笔超过 50 万元或等值外币的大额交易作为资金流水的核查标准。对于实际控制人及其配偶、发行人董事、监事、高级管理人员、关键岗位人员等自然人账户，选取 5 万元或等值外币作为大额资金流水核查的标准。

4. 核查程序、异常标准及确定程序

第一，了解发行人资金管理相关内部控制制度，执行资金循环穿行测试，核查资金管理相关内部控制是否存在重大缺陷。第二，获取发行人及其子公司的“已开立银行结算账户清单”，并与发行人账面记录的银行账户进行核对，以确认账户信息的完整性。第三，对发行人及其子公司报告期内各期末的银行账户余额、银行借款、注销账户、资金归集等信息进行函证。第四，获取发行人及其子公司报告期内银行资金流水、货币资金日记账并进行双向核对，对报告期内的各银行账户流水超过重要性水平的收支及异常收支进行核查，关注相关关联方在报告期内是否与发行人及子公司有异常资金往来，是否存在体外资金循环的情形。第五，陪同实际控制人及其配偶、董事、监事、高级管理人员、关键岗位人员前往银行打印或查询个人账户清单及资金流水，并与相关人员提供的银行账户进行核对，以确认账户信息以及资金流水的完整性。第六，获取实际控制人及其配偶、董事、监事、高级管理人员、关键岗位人员相关银行账户完整的承诺。第七，查阅报告期内实际控制人及其配偶、董事、监事、高级管理人员、关键岗位人员的资金流水，了解达到核查标准资金流水的背景，检查是否存在大额异常取现、大额异常收支的情况，检查是否存在代替发行人承担成本费用的情况；获取报告期内，实际控制人、董事、监事、高级管理人员、关键岗位人员从发行人获得现金分红情况，核查是否存在股权代持的情形，取得其不存在除已说明情况外异常资金往来的承诺。

异常资金往来标准确定如下。

（1）发行人及子公司是否存在银行账户不受发行人及子公司控制或未在发行人财务核算中全面反映的情况，是否存在个人卡的情形。

（2）发行人及子公司大额资金收支是否存在与经营活动、资产购置、对外投资等不匹配的异常情形。

（3）发行人及子公司与实际控制人、持股5%以上自然人股东、董事、监事、高级管理人员、关键岗位人员等是否存在除分红、领薪等合理原因之外的异常大额资金往来。

（4）发行人及子公司、实际控制人、持股5%以上自然人股东、董事、监事、高级管理人员、关键岗位人员等是否存在无合理解释的大额或频繁取现的情形。

若存在上述情形，保荐机构及申报会计师逐笔进行核查，核查资金流水的发生背景原因及其合理性、相关账户的实际归属以及真实的资金来源。

5. 受限情况及替代措施

（1）受限情况。发行人外部董事和独立董事因不参与实际经营以及流水涉及个人隐私，未提供银行流水。

（2）替代措施。通过对发行人及其子公司、实际控制人及其配偶报告期内银行流水、货币资金日记账等交易对手方进行核查，关注其是否与上述外部董事和独立董事在报告期内存在大额异常资金往来。

核查中发现的异常情形，包括但不限于是否存在大额取现、大额收付等情形。若存在，请说明对手方情况，相关个人账户的实际归属、资金实际来源、资金往来的性质及合理性，是否存在客观证据予以核实。

发行人保荐机构及申报会计师获得了上述银行账户的银行流水，并将上述银行流水中的交易对方名称与发行人报告期内的客户和供应商名称、主要客户和供应商的实际控制人、股东、董事、监事、高级管理人员和法定代表人进行了交叉核查，并对银行流水中的大额取现、大额收付情况进行了逐笔核查，核查结果如下。

①发行人及其子公司资金流水核查情况。经核查，发行人及其子公司、分公司除与客户、供应商的正常往来外，不存在异常交易的情形。

②实际控制人控制的除发行人以外的其他企业资金流水核查情况。经核查，实际控制人控制的除发行人以外的企业不存在异常交易的情形。

③实际控制人资金流水核查情况。发行人实际控制人的大额资金流水核查情况如表 6-2 所示。

表 6-2 发行人实际控制人的大额流水核查情况表

单位：万元

姓名	职务	款项用途	2021 年 1—9 月	2020 年	2019 年	2018 年
实控人	董事长、总经理	家庭成员转账	–15	–52.41	–430	–268
		亲朋资金往来	7.5	–289.73	–20.5	–66.58
		工资、奖金及报销款	10.55	14.65	5.6	10.03
		购车	—	–13.63	—	—
		理财投资	122.32	—	—	—
		股权转让款	–311.67	674.8	679.84	367.93
		股权分红	413.63	—	—	—
		股权转让的个税	—	–452.07	–32.53	—
		日常消费及现金存取	—	—	—	–15
		社会公益捐款	–30	—	—	—

注：①以上金额均以净额列示；②家庭成员转账指与父母、配偶间的往来。

④发行人实际控制人亲属，除外部董事、独立董事和外部监事外的发行人董事、监事、高级管理人员，关键岗位人员，持股5%以上的自然人股东大额资金流水核查情况。报告期内，发行人监事会主席李某某基于朋友关系曾于2019年7月23日向发行人供应商××公司的实际控制人张某借款6万元整人民币，已于2021年2月22日归还。

除上述情况外，核查范围内的发行人实际控制人配偶，除外部董事和独立董事外的发行人董事、监事、高级管理人员、关键岗位人员、持股5%以上的自然人股东的大额资金往来的性质主要为亲朋好友资金往来及资金周转、理财产品申购赎回、股票投资、购房购车、股权转让款、持股平台出资份额转让款、股权分红及个人所得税款等个人性质的资金往来。除发行人对其发放的工资、奖金及报销款，上述人员不存在个人账户与发行人及子公司、发行人客户及供应商之间的大额频繁资金往来。

报告期内，上述人员的大额资金流水核查的具体情况如表6-3所示。

表6-3 其他人员的大额流水核查情况表

单位：万元

姓名	职务	款项用途	2021年1—9月	2020年	2019年	2018年
赵某某	董事、副总经理、持股5%以上的自然人股东	家庭成员转账	—	–30	–20.2	–258
		亲朋资金往来	–70	–99	19	—
		奖金及报销款	—	5.34	—	17.9
		购买房产	—	–233	27	–81.33
		股票投资	–50	–11	—	69
		理财投资	—	0.32	—	—
		股权转让款	–124.42	526.8	–25	74.19
钱某某	董事、副总经理、持股5%以上的自然人股东	家庭成员转账	66	–312	–332	–154.8
		亲朋资金往来	120	–13	–126.35	–35
		工资、奖金及报销款	45.02	50.65	41.07	38.92
		购买房产	—	—	—	–65
		股票投资	—	—	238.97	–28
		股权转让款	–373.25	458.8	234	270.96
		股权分红	208.39	—	—	—
		股权转让涉及的个人所得税	—	–196.45	—	—
		日常消费现金存取	–6.15	75.21	—	–5

续表

姓名	职务	款项用途	2021年1—9月	2020年	2019年	2018年
张某某	实际控制人的配偶	家庭成员转账	10	32.41	164.2	217
		购买车辆	—	—	–122.36	—
		日常消费及现金存取	14	—	–5	–183
王某某	董事会秘书	无大额资金流水	—	—	—	—
周某	实际控制人亲属、运营副总	家庭成员转账	–14.03	95	2.35	–5
		亲朋资金往来	—	307	10	6
		股权转让款	—	–366.02	—	—
		股权分红	13.66	—	—	—
		股权转让涉及的个人所得税	—	–37.31	—	—
		日常消费及现金存取	—	—	—	13.5
		提取住房公积金	9	—	—	—
李某某	监事会主席、IT流程部总监	家庭成员转账	25	14	2.5	57.25
		亲朋资金往来	–5	18	–2	2
		奖金	—	9.02	—	—
		购买房产	—	—	—	–92.65
		股票投资	—	—	—	6.95
		理财投资	—	—	—	5.31
		股权转让款	—	–64.16	–49.98	—
		股权分红	6.09	—	—	—
		现金存取	5	—	8.68	5.44
蒋某某	财务经理	购买车辆	—	–8.27	—	—
		股权转让款	—	–40	—	—
		现金存取	—	19.7	—	—
其他关键岗	其他关键岗	……	—	—	—	—

注：①以上金额均以净额列示；②家庭成员转账指与父母及配偶之间的往来。

(二) 结合上述情况，进一步说明针对发行人是否存在资金闭环回流、是否存在体外资金循环形成销售回款或承担成本费用、是否存在股份代持等情形所采取的具体核查程序、各项核查措施的覆盖比例和确认比例、获取的核查证据和核查结论，并就发行人内部控制是否健全有效、发行人财务报表是否存在重大错报风险发表明确意见

回复如下：

1. 发行人是否存在资金闭环回流、是否存在体外资金循环形成销售回款或承担成本费用

（1）保荐人和申报会计师根据银行流水中显示的交易对方的名称与公司报告期内的全部客户、供应商、主要客户和供应商的实际控制人、股东、董监高进行了交叉核对。

（2）对发行人资金管理执行穿行测试，发行人现行资金管理相关内部控制制度健全有效，公司严格按照制度执行，不存在重大缺陷。

（3）获取发行人及其子公司账面银行账户，并与“开立银行账户清单”核对一致，不存在银行账户不受发行人控制或未在发行人财务核算中全面反映的情况，发行人银行开户数量与现有业务相匹配；查看发行人流水，查看是否存在大额或频繁取现的情形，发行人同一账户或不同账户之间，是否存在金额、日期相近的异常大额资金进出的情形。

（4）获取发行人主要关联自然人资金流水，查看其是否存在大额异常取现、大额异常支付等情形，了解该等情形是否存在替发行人承担成本费用情形。

（5）查阅了实际控制人、发行人关联方公司、董事、监事、高级管理人员（不含独立董事）、财务部人员（财务总监、出纳）的银行账户清单及银行流水，针对部分大额收支检查交易对方是否为客户、供应商及其实际控制人。关注公司与股东、董事、监事、高级管理人员等相关重要人员是否存在异常往来。

（6）对发行人主要客户、主要供应商进行访谈，确认其是否与发行人实际控制人、董事、监事、高级管理人员、主要关联方存在资金往来、利益安排等情形。

(7) 对发行人主要客户、主要供应商的交易额和往来余额进行函证。

(8) 获取发行人采购合同、物流单据、采购发票、付款单据等资料，对公司采购循环执行穿行测试和内控测试程序，测试公司采购内部控制运行的有效性。

(9) 检查与客户签订的合同、订货单、发货单据、运输单据、回款单据等支持性单据，对公司销售与收款内部控制循环进行了解并执行穿行测试和控制测试，测试公司销售内部控制运行的有效性。

经核查，保荐人和申报会计师认为，发行人不存在资金闭环回流的情况，不存在体外资金循环形成销售回款或承担成本费用的情形。

2. 发行人是否存在股份代持

保荐人和申报会计师检查了报告期内实际控制人、董事、监事、高级管理人员、关键岗位人员的银行流水，核查从发行人获得现金分红情况；获取发行人股东历年的增资入股资料，包括增资协议、股权转让协议、银行回单、公司章程、验资报告等，核查发行人报告期内是否存在股份代持情况；与主要股东进行访谈，核查是否存在股份代持情况。

经核查，保荐人和申报会计师认为，发行人历史沿革中存在股份代持的情形，该等情形已在提交上市申请前依法解除，不存在纠纷及潜在纠纷，并已在招股说明书中披露了代持形成原因、演变情况、解除过程及是否存在纠纷或潜在纠纷。

3. 发行人内部控制是否健全有效、财务报表是否存在重大错报风险

根据《中华人民共和国会计法》和《上市公司内部控制指引》，结合公司实际情况，发行人制定《财务管理制度》《货币资金管理实施细则》《对外担保管理制度》《对外投资管理制度》《固定资产管理制度》《存货管理制度》《应收款管理制度》《销售收款内控管理制度》等制度用于规范公司管理，内控健全有效，发行人财务报表不存在重大错报风险。

经核查，保荐人和申报会计师认为，发行人内部控制健全有效，发行人财务报表不存在重大错报风险。

4. 请保存机构、申报会计师发表明确意见

(1) 核查程序

①了解发行人资金管理相关内部控制制度，执行资金循环穿行测试，

核查资金管理相关内部控制是否存在重大缺陷。

②获取发行人及其子公司的银行账户清单，并与发行人账面记录的银行账户进行核对，确认账户信息的完整性。

③对发行人及其子公司报告期各期末的银行账户余额、银行借款、注销账户等信息进行函证。

④获取发行人及其子公司报告期内银行资金流水、货币资金日记账并进行双向核对，对报告期内的各银行账户流水超过重要性水平的收支及异常收支进行核查；关注相关关联方在报告期内是否与发行人及子公司有异常资金往来，是否存在体外资金循环的情形。

⑤陪同实际控制人及其亲属、董事、监事、高级管理人员前往银行打印或查询个人账户清单及资金流水，并与相关人员提供的银行账户进行核对，确认账户信息以及资金流水的完整性。

⑥获取实际控制人及其亲属、董事、监事、高级管理人员、关键岗位人员、关联自然人股东相关银行账户完整的承诺。

⑦查阅报告期内实际控制人及其亲属、董事、监事、高级管理人员、关键岗位人员、关联自然人股东的资金流水，了解达到核查标准资金流水的背景，检查是否存在大额异常取现、大额异常收支的情况，检查是否存在代替发行人承担成本费用的情况；获取报告期内，实际控制人、董事、监事、高级管理人员、关键岗位人员、持股5%以上的自然人股东从发行人获得现金分红情况，与主要股东进行访谈，核查是否存在股权代持的情形。

(2) 核查结论

经核查，保荐机构、申报会计师认为，发行人不存在资金闭环回流的情形，不存在体外资金循环形成销售回款或承担成本费用的情形，不存在股份代持。发行人内部控制健全有效，财务报表不存在重大错报风险。

第七章　市值管理实战手法

第一节　市值管理的实质

市值是企业市场公允价值的简称，是公众对企业的合理估值。对上市公司而言，市值是发行股份按市场价格计算的股票总价值。

市值管理是通过管理企业的市场价格，实现企业价值的公允化与最大化的方式、方法。广义的市值管理建立在价值管理的基础上，是价值管理的延伸，是以价值创造为核心、资本运作为手段、企业价值最大化为目标的战略性行为。狭义的市值管理通常是围绕股价整合资源，实现优化股价或避免股价异常波动的行为。

一、市值管理的意义

市值管理是为追求公司价值最大化，为股东创造价值而建立的一种长效组织机制。市值管理是企业通过与资本市场之间的信息交互传导，实现公司价值长期与短期的动态平衡。市值管理是一种将企业经营发展、资本市场运作、利益相关方管理三方面相结合的战略管理模式。有效的市值管理，有利于资本市场的健康发展。

二、市值管理的本质

市值管理要从利润和市盈率两个方面发力驱动市值。前者代表产业经营，要求上市公司立足产业、深耕产业，改善经营管理，做强做大主业，把收入、利润真正做出来。后者代表资本经营，要求上市公司精选赛道、优化商业模式、改善资本结构、合理进行融资、有效开展并购、注重投资者关系管理、善于通过价值传播等手段提升企业市场价值，即通过提升资本市场信心，提升公司在资本市场的估值。只有产业经营与资本经营在市值管理过程中协调互动，才能实现企业价值螺旋式上升的良性循环。

三、市值管理的面貌

市值管理对外部呈现的实施形式就是市值管理的面貌，通常市值管理在企业战略决策和实施状态中呈现。一般情况下，市值管理的形式表现为企业顶层设计、引入战略投资者、打通上下游产业链、公司权益分派方案制订等。

第二节　伪市值管理分析

市值管理的错觉是市值与股价相互挂钩，因此市值管理被部分人粗浅地理解为股价管理。实际上，股价只是市值管理的产物，而企业市值并非股价的结果。凡是以改变股价为起点的市值管理都不是真正的市值管理，为方便描述，本书将其称为伪市值管理。

一、伪市值管理形成的原因

上市公司大股东的“底线”是形成伪市值管理的基本原因，因为企业上市如同对企业和实控人都开启了一扇门，压力和诱惑时刻考验着大股东的底线。伪市值管理形成的原因如下。

(1) 发现做资本比实业挣钱容易。在投机心理驱使下，股东可能铤而走险。

(2) 定向增发的兜底承诺。股东为了确保定向增发的成功，防止股价倒挂，避免机构损失，对机构承诺了兜底。

(3) 股票的高质押率。大股东为融得尽可能多的资金，会选择较高的质押率，如果股票出现下跌，就会存在爆仓风险。

二、伪市值管理的类型

一是财务信息造假，这是上市公司通过虚造收入、成本费用和现金流等方式包装企业效益，欺骗市场的行为。

二是商业模式造假，这是一种较为隐蔽的财务造假模式，通常以上市主体为核心，创造或控制产业上下游材料商、加盟商，将这些商户作为利润池，从而达到操纵利润的目的。

三是联合操纵市场，这是上市公司及其实控人与相关机构和个人相互勾结，滥用持股、资金、信息等优势操纵股价的行为。通常资金方提前买进上市公司股份，上市公司配合发布利好消息，上市公司实控人、资金方趁股价拉升之机卖出低价购入的股份，实现高额利差。

伪市值管理是操盘方对中小投资者的猎杀，有悖于证券法公平、公正、公开的主旨，不利于资本市场的良性发展。真正意义上的市值管理是上市公司基于市值信号，运用科学合规的价值经营方式和手段，以达到公司价值最大化、最优化的一种战略管理行为。因此，回归初心，做好企业才是企业最长效的市值管理手段。

第三节　市值管理的界限

对于市值管理与操纵市场之间的界限，法律法规很难作出明确的规定，但可以通过反向看其行为是否构成《中华人民共和国证券法》规定的禁止性行为来判断市值管理是否“越线”。比如，内幕交易、虚假或误导性信息传播等均属于禁止性行为，是市值管理不可采取的行为。

一、真假市值管理判断原则

公平原则，公司信息的披露对所有投资者应当公平。

诚信原则，公司的行为应当真实、守信，无虚假、误导性行为。

保护中小投资者利益原则，公司行为不损害小股东利益，体现同股同权。

综上，符合上述原则的企业价值管理行为基本可认定为属于市值管理范畴。实践中，判断市值管理与操纵市场的关键是看其是否符合监管条例，是否存在刻意拉抬股价并高位抛售的行为。

二、市值管理中稳定股价策略

（1）大宗交易。上市公司股票解禁，如果大股东或主要股东一次性卖出股票，股价压力非常大。此时，多数公司会采取大宗交易方式，由接盘方直接买走。

(2) 股权托管。有些上市公司把自己的股权托管给某个证券公司营业部，营业部会为股东减持提供专业服务。

(3) 股权质押融资。质押融资是上市公司普遍的融资方式。上市公司股东在股票解禁前，按约定的折扣价格将股票质押给接盘方，既能收到提前融资的效果，又不会造成股价特别大的波动。

(4) 约定式回购和融券。前者相当于长期看涨期权，如果未来股价上涨，上市公司股东可以按照约定价格把股票出售给证券公司，双方都有所得益；后者融券业务在现实中也较普遍，融券即证券公司从上市公司股东那里接收股票，到期后加上利息还给股东。

(5) 委托专业的投资公司，在股票低点的时候买入，在股票高点的时候卖出。

三、市值管理评价体系

市值管理评价指标是评价市值管理效果的重要维度，通过市值管理评价指标也可以看出企业市值管理的真实情况。综合上市公司市值管理经验，市值管理评价体系的初步模型如图 2 所示。

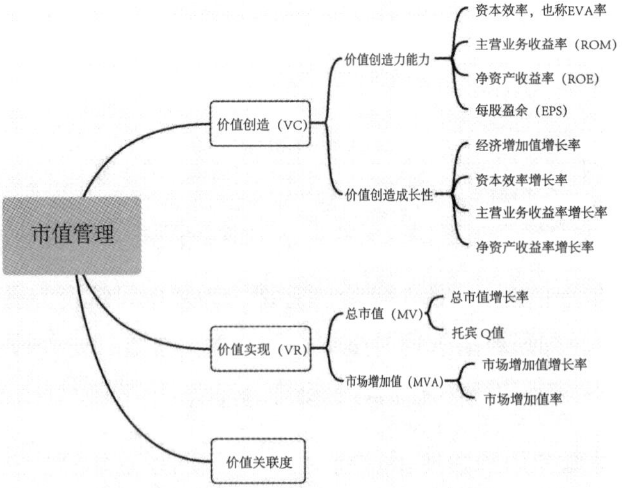

图 2　公司市值管理评价体系图

综上，上市公司只有聚焦于公司的主业，做到信息公平、公正、公开，从合规的角度对公司的市值进行长期规划，才能提升公司的市场价值。而通过滥用持股、资金、信息等手段操纵股价，侵害投资者合法权益，扰乱资本市场秩序的行为，不符合市值管理的主旨，也是境内外资本市场重点打击的对象。

第四节　市值管理的体系

市值管理核心逻辑是内因、外因共同作用决定公司市值。内因包含公司基本面，即治理结构、盈利能力、行业地位、增长潜力等；外因包含市场对公司价值的发现和认同，即宏观经济政策、行业发展前景、增长预期。市值管理的主线贯穿公司治理、业务管控、企业经营发展、资本市场运作、利益相关方管理、产融互动等社会经济过程，因此，只有建立市值管理的长效组织机制和体系，才能形成公司与资本市场的有效联动，才能实现公司战略目标。实践中，公司市值管理的长效组织机制通常包括以下六个方面。

一、市值管理的基本框架

市值管理不是短期炒作股票，它是一套提升企业真正价值的组织机制。市值管理的基本框架构成包含一个核心、两个体系。

（一）构建企业内在的核心价值

企业真正的价值在于为客户创造价值，这是企业存在的基本意义。什么标准可以较好地衡量以客户为导向的价值创造？利润是最综合的指标。客户满意度调查分数的高低只是表象，客户真正对产品满意表现是他愿意为产品和服务买单。

（二）公司内部体系化支撑是基础

市值管理是企业内部体系性的工作，需要有具体执行部门和相匹配的流程。市值管理除了提升内部经营能力和价值创造能力外，还包括外部信息披露、外部沟通、突发事件应对、对标分析回顾和调整改进等工作。因此，市值管理是公司管理中系统化、长期化的工程，离不开公司体系化管理的支撑。

（三）外部信息沟通体系是保障

市值管理的关键是向投资人展示公司的现行优势和未来优势，因此与市场相关方构建信任是市值管理的重要手段。市值管理需要沟通对象不仅是监管机构和投资者，还有分析师、利益相关方、金融机构、评级机构甚至媒体。不同的人需要有不同的沟通方式，不同的事需要有不同的处理方案，不同的利益方需要不同的利益视角。综上，建立完善的外部信息沟通体系是妥善处理各类关系的重要保障。

二、市值管理的战略属性

市值管理是企业内具有战略性高度的工作，是需要核心高管共同参与并落实推进的工作，是对企业长期而言最重要的事。市值管理战略体系构建思路如下。

（一）市值管理对于企业可持续发展至关重要

（1）企业的战略方向就是往哪一方面塑造企业的核心价值，战略方向关系到企业的发展前景。

（2）外部金融与资本环境会影响企业战略实现的速度。无论是对资本市场还是利益相关方来说，良好的形象关系到企业的融资顺畅性和资金链安全性，是企业可持续发展的基础。

（二）战略高度需要核心领导共同参与

市值管理由于其战略重要性，应该是以董事长、CEO 和 CFO 为领导核心，其余重要高管也要深度理解，并共同参与推进的工作。

（三）战略分解中应设定的阶段性重点

战略分解是根据企业的实际发展情况，将市值管理的总目标分解为阶段性重点目标，制订年度、月度相应的落地计划以及执行方案，并提供体系化的人员和投入进行保障，确保各阶段市值管理总体目标的实现。

(四) 持续的回顾与改进

市值管理作为战略性工作，在执行过程中要定期回顾、分析、对标和改进，及时发现市值管理过程中的优点和遗漏，形成不断优化提升的管理闭环。

(五) 重点投入资源

企业只有投入最重要的资源去匹配和推动市值管理，才能形成真正的战略成果。比如，高管的时间就是企业最重要的战略资源。同时，企业的经营方向和投入也要围绕市值管理展开。

三、市值管理的价值因素

持续提升企业内在价值，以客户为导向打造产品和服务的能力，决定了企业核心的价值。

(一) 利润是价值创造能力的标尺

企业要做好经营，就要做到真正以客户为导向琢磨产品，改进服务，只有具备日拱一卒的坚持，才可能超越竞争对手。只有从客户的视角出发，做出让客户更喜欢、更愿意掏钱的产品，才是企业得以持续发展的根本。

(二) 持续创造利润的因素是“能力 + 模式”

1. 市盈率是体现企业能力的指标

企业市盈率受行业总体平均市盈率的影响，通常传统行业市盈率低于朝阳行业，行业内能力强的企业能够获得行业头部市盈率。

2. 市盈率是反映企业成长的指标

成长性与赛道有直接关系，赛道关乎业务模式。业务模式简单分为存量模式和增量模式，存量模式是在现有存量上再做加法，存量模式的市盈率比增量模式高。例如，地产公司做的是典型的增量模式，每完成一个项目，就要去买下一块地，原有的项目收入无法再次成为下一周期的增长基础；而物业公司就是典型的存量模式，因为原有的小区明年还会存在，每一年又有新的小区不断补充进来，收入规模在原来基础上不断增加。这就是地产公司一旦把物业剥离出去，物业公司市盈率就明显高于地产公司市盈率的原因。

3. 产品和服务决定了价值创造

同行业竞争中，产品和服务决定了企业的竞争力基础。因为很多投资者在市值管理过程中，不仅会调查企业本身，还会调查公司在业内的表现，假如业内受到客户、同行的认同，则投资者也会认同。俗话说“没有倒闭的行业，只有倒闭的企业”，行业投资者会非常关注行业头部的优秀企业。因此，要想把市值管理做好，就要把企业做到这个行业的头部，如果不能让投资者看到和重视，就谈不上市值管理。

四、市值管理的工作机制

企业体系化的管理机制是实现市值的重要保障，市值管理体系由以下六个方面组成。

（一）专项管理

设定专门的部门，跟进执行市值管理的目标，将确定的工作进行落地。

（二）定期例会

定期组织市值管理讨论会，讨论市值管理过程中出现的问题、要解决的困难以及投资者的反馈意见。固定的例会有利于董事长、CEO、CFO以及公司高层及时了解投资人动向。

（三）定期路演

路演是市值管理过程中重要的信息交流渠道，可根据管理需求采用主动走出去和把机构请进来两种模式。

（1）正向路演。通常半年报和年报出具后，企业要依据机构的重要性安排路演，对于重要的投资者应由董事长或CEO、CFO带队去路演。

（2）反向路演。企业可组织行业的分析师参观公司重要项目，让他们通过一线体验，加深对企业经营和战略的直观感受。

(四) 档案记录

投资者关系团队要建立关键投资者沟通档案，分析这类投资者的风格和关注的重点，对关键投资人做到心中有数，服务到心。

(五) 舆情管理

定期邀请媒体、业内的分析师、专家与企业的高管做分享，包括如何应对媒体的采访，怎么应对危机公关等。同时，在路演时要轮流带上一线的总经理，让每个总经理都有机会参加路演，一方面，让他们了解投资者的关注点，是学习和成长的一个过程；另一方面，让他们知道外界对公司期待的目标是什么，提升对战略的理解能力。

(六) 危机预案

危机演练及危机预案对上市公司必不可少，提前对舆情风险、工程风险、被做空风险、其他风险等做相应归类，提前形成防范预案，有利于企业在突发事件发生时将风险降到最低。

五、市值管理的沟通体系

市值管理的重要目的是构建与外部坦诚顺畅的信息沟通交流体系，形成长期信任、支持的协作关系。提升沟通效率、效果需做到以下三个方面。

(一) 筛选重点沟通目标

利益相关方，专业分析师，大型评级机构，有影响力的投行、私募、基金以及金融机构都是信息沟通的重要角色，他们能够给公司带来品牌和口碑效应，品牌和口碑效应通过媒体放大后会给公司带来更加积极的作用。但专业的投资者不一定听媒体的，因此明白谁是核心链接，要跟谁沟通尤其重要。

(二) 量身定制沟通安排

根据不同的对象需求，准备不同的沟通内容，如分析师看资产和销售实现能力、评级机构需要综合财务信息、机构投资者需要未来增长战略和计划、金融机构考虑的是负债安全性、业内人士想看的是内部管控能力等。所以，只有量身定制沟通内容，才能让大家在不同领域做出对企业有益的判断。

(三) 精细规划沟通安排

层级对应是确保路演成功的要点，比如面对专业的分析师，公司 CFO 出面沟通会更加顺畅高效；面对投行的负责人或者金融机构的负责人，董事长或者 CEO 亲自参与效果会更好。

定期的沟通制度有利于在投资人思想中形成规律，这种规律对投资人而言就是企业运行正常的信号。

路演过程中最忌讳信息前后矛盾，对同类型投资人问题的回复，要口径一致、数据清晰，杜绝逻辑漏洞。

路演拜访的方式要根据实际情况确定，可以采用正式的官方拜访，如组织公司专业人员去金融机构的总部互动；也可采用非正式的沟通，如茶话会、小型宣讲会等形式。总之，哪种互动方式效果好就用哪种。

六、市值管理的思想基础

市值管理需要坚持长期主义，长期主义是坚持以最朴素的简单方法去应对最纷繁的世界。长期主义需要坚持有所为有所不为，通过价值观的认同去选择做最有未来的事。

(一) 市值管理依赖长期信用和口碑的树立

信用不在于技巧，而在于能兑现承诺。要让投资者认可我们是一个靠谱的企业，既要能想到说到，还要能做得到。

（二）建立投资者关注的指标体系，持续改进

体系化地解决问题是企业的能力标尺，针对评级机构、投资者关注的问题，要建立完整的指标体系，脚踏实地地推进问题，点点滴滴改善。路演不是对外喊口号，而是修炼内功，需要有台上一分钟、台下十年功的付出。

（三）保持战略定力

战略定力是指企业要有所为有所不为，只有不忘初心，才能行稳致远。总觉得其他项目更赚钱，跟风逐利、偏离主业恰恰暴露出企业的内部管理存在问题。因此，资本市场并不看好急功近利的跨界多元化和追风口的行为。

（四）大股东要自律和坚持

股东只要永远把责任扛在肩上，对投资者负责，投资者才会对企业有信心，支持企业发展。

（五）持续稳定的分红政策

股息平稳增长对资本市场传递的信号是企业不仅有利润增长，还有现金支撑的利润。另外，股息率指标也是投资机构估算市值的重要依据。

综上，企业自身能力是市值管理的“道”，路演及相关包装是市值管理的“术”。“道”是企业市值管理的根基，即企业创造价值的持续性和大小决定了企业的市值。“术”是企业市值管理的工具，即企业通过各类方法促使投资者、利益相关方理解企业战略，支持企业发展。

参考文献

[1] 曹汉霖，刘杰，罗煜．企业认知对企业上市融资的影响实证研究[J]. 管理现代化，2019，39(2)：4-8.

[2] 蔡学军，张莉．上市公司市值管理评价体系优化探索[J]. 财会通讯，2017(2)：69-73.

[3] 陈劲，吴波．开放式创新下企业开放度与外部关键资源获取[J]. 科研管理，2012，33(9)：10-21，106.

[4] 谌杨．论我国环境现场检查制度之阙如与完善[J]. 环境保护，2019，47(5)：59-63.

[5] 程伟．中国上市公司市值管理模式及应用[J]. 中国商论，2017(7)：107-108.

[6] 高婧扬．我国中小企业境外上市问题分析[J]. 中国商贸，2011(32)：146-147.

[7] 郭照蕊，李一秀．证券交易所监管问询有效性研究综述与展望[J]. 金融监管研究，2020(9)：81-98.

[8] 韩毅．企业内部控制的关键点研究[J]. 中国商论，2019(10)：158-159.

[9] 李安兰，陈见丽．我国股票发行审核制度比较分析：兼论我国注册制的完善[J]. 中国注册会计师，2020(5)：76-80.

[10] 李焕生．上市公司市值管理模式优化探索[J]. 商业会计，2016(12)：66-68.

[11] 李文华．我国上市公司市值管理问题探析[J]. 南方金融，2015(5)：59-68.

[12] 李晞禔．内地企业在香港上市概况及要求[J]. 中国注册会计师，2010(8)：20-22.

[13] 梁紫霞 . 探析财务尽职调查方法在企业并购中的应用 [J]. 中国商论，2020(15)：145-146.
[14] 刘李胜 . 中国企业境外上市的背景与经验 [J]. 中国金融，2012(15)：53-54.
[15] 刘璐 . 财务尽职调查应用探析 [J]. 财会通讯，2019(14)：79-82.
[16] 鹿馨方 . 中小企业国内外上市融资对比研究 [J]. 中国商贸，2010(26)：115-116.
[17] 彭文伟 . 制度环境、募资变更与企业投资 [J]. 软科学，2013，27(7)：28-32.
[18] 田永 . 浅议企业并购财务尽职调查实施 [J]. 中国内部审计，2016(6)：96-100.
[19] 涂晓岚，詹雷 ."刨根式" 问询与招股说明书信息披露 [J]. 财会月刊，2021(5)：80-85.
[20] 万国华，孙婷 . 我国上市公司市值管理之法律解构 [J]. 金融发展研究，2016(8)：66-71.
[21] 汪亚明，刘文彬，刘玉焕 . 中国企业社会责任的自我表述与实践之间的关系研究：基于上市公司的数据 [J]. 中国软科学，2015(10)：177-186.
[22] 王楚 . 注册制下发行审核权与上市审核权分配建议办法 [J]. 河北法学，2016，34(7)：163-168.
[23] 王国金，武杰 . 中小企业上市如何选择中介机构 ?[J]. 企业管理，2020(4)：96-99.
[24] 王伦强 . 论我国证券发行注册制推进的路径 [J]. 西南金融，2020(8)：43-51.
[25] 王清安 . 谈谈企业上市前的财务尽职调查 [J]. 中国注册会计师，2011(11)：103-104.
[26] 魏建国，陈骏 . 上市公司市值管理策略研究 [J]. 辽宁大学学报 (哲学社会科学版)，2013，41(1)：100-107.
[27] 夏鑫，吴霞，侯敏 . 上市公司市值与市值管理探析 [J]. 会计之友，2014(32)：65-70.

[28] 许芷宁 . 我国证券发行与交易研究 [J]. 中国商论，2019(18)：50-51.

[29] 杨高灿 . 上市公司市值管理异化原因及防控机制探讨 [J]. 中国商论，2021(2)：7-8.

[30] 翟丽媛，章一春 . 论建立我国证券发行市场经济法独立责任和公益诉讼制度的构想 [J]. 特区经济，2012(6)：85-88.

[31] 张凤梅，李雪丽，潘峰华 . 内地企业香港上市的特征及影响因素 [J]. 热带地理，2015，35(6)：842-851.

[32] 张陆洋，钱瑞梅 . 关于科创企业估值难点的思考 [J]. 安徽师范大学学报 (人文社会科学版)，2019，47(4)：104-110.

[33] 章卫东，李泽宇，郑鸿锐，等 . 内部人减持前的公司并购行为：战略并购抑或套现并购：基于伪市值管理的视角 [J]. 证券市场导报，2021(10)：33-43.

[34] 郑秀田，许永斌 . 高声誉风险投资机构参股能否提升企业公开市场募资能力？来自中国创业板 IPO 的经验证据 [J]. 商业经济与管理，2015(7)：56-64.

附　　录

监管规则适用指引——发行类第4号

（发文日期：2023年02月17日）

目 录

4-1　历史上自然人股东人数较多的核查要求

对于历史沿革涉及较多自然人股东的发行人，保荐机构、发行人律师应当核查历史上自然人股东入股、退股（含工会、职工持股会清理等事项）是否按照当时有效的法律法规履行了相应程序，入股或股权转让协议、款项收付凭证、工商登记资料等法律文件是否齐备，并抽取一定比例的股东进行访谈，就相关自然人股东股权变动的真实性、所履行程序的合法性，是否存在委托持股或信托持股情形，是否存在争议或潜在纠纷发表明确意见。对于存在争议或潜在纠纷的，保荐机构、发行人律师应对相关纠纷对发行人股权清晰稳定的影响发表明确意见。发行人以定向募集方式设立股份公司的，中介机构应以有权部门就发行人历史沿革的合规性、是否存在争议或潜在纠纷等事项的意见作为其发表意见的依据。

4-2　申报前引入新股东的相关要求

对 IPO 申报前 12 个月通过增资或股权转让产生的新股东，保荐机构、发行人律师应按照《监管规则适用指引——关于申请首发上市企业股东信息披露》《监管规则适用指引——发行类第 2 号》的相关要求进行核查。发行人在招股说明书信息披露时，除满足招股说明书信息披露准则的要求外，如新股东为法人，应披露其股权结构及实际控制人；如为自然人，应披露其基本信息；如为合伙企业，应披露合伙企业的普通合伙人及其实际控制人、有限合伙人的基本信息。最近一年末资产负债表日后增资扩股引入新股东的，申报前须增加一期审计。

红筹企业（是指注册地在境外、主要经营活动在境内的企业）拆除红筹架构以境内企业为主体申请上市，如该境内企业直接股东原持有红筹企业股权、持有境内企业股权比例为根据红筹企业持股比例转换而来，且该股东自持有红筹企业股权之日至 IPO 申报时点满 12 个月，原则上不视为新股东。

发行人直接股东如以持有发行人重要子公司（置换时资产、营业收入或利润占比超过 50%）股权置换为发行人股权的，如该股东自持有子公司股权之日至 IPO 申报时点满 12 个月，原则上不视为新股东。

4–3　对赌协议

投资机构在投资发行人时约定对赌协议等类似安排的，保荐机构及发行人律师、申报会计师应当重点就以下事项核查并发表明确核查意见：一是发行人是否为对赌协议当事人；二是对赌协议是否存在可能导致公司控制权变化的约定；三是对赌协议是否与市值挂钩；四是对赌协议是否存在严重影响发行人持续经营能力或者其他严重影响投资者权益的情形。存在上述情形的，保荐机构、发行人律师、申报会计师应当审慎论证是否符合股权清晰稳定、会计处理规范等方面的要求，不符合相关要求的对赌协议原则上应在申报前清理。

发行人应当在招股说明书中披露对赌协议的具体内容、对发行人可能存在的影响等，并进行风险提示。

解除对赌协议应关注以下方面。

（1）约定“自始无效”，对回售责任“自始无效”相关协议签订日在财务报告出具日之前的，可视为发行人在报告期内对该笔对赌不存在股份回购义务，发行人收到的相关投资款在报告期内可确认为权益工具；对回售责任“自始无效”相关协议签订日在财务报告出具日之后的，需补充提供协议签订后最新一期经审计的财务报告。

（2）未约定“自始无效”的，发行人收到的相关投资款在对赌安排终止前应作为金融工具核算。

4–4　资产管理产品、契约型私募投资基金投资发行人的核查及披露要求

银行非保本理财产品，资金信托，证券公司、证券公司子公司、基金管理公司、基金管理子公司、期货公司、期货公司子公司、保险资产管理机构、金融资产投资公司发行的资产管理产品等《关于规范金融机构资产管理业务的指导意见》（银发〔2018〕106 号）规定的产品（以下统称资产管理产品），以及契约型私募投资基金，直接持有发行人股份的，中介机构和发行人应从以下方面核查披露相关信息。

（1）中介机构应核查确认公司控股股东、实际控制人、第一大股东不属于资产管理产品、契约型私募投资基金。

（2）资产管理产品、契约型私募投资基金为发行人股东的，中介机构应

核查确认该股东依法设立并有效存续，已纳入国家金融监管部门有效监管，并已按照规定履行审批、备案或报告程序，其管理人也已依法注册登记。

（3）发行人应当按照首发信息披露准则的要求对资产管理产品、契约型私募投资基金股东进行信息披露。通过协议转让、特定事项协议转让和大宗交易方式形成的资产管理产品、契约型私募投资基金股东，中介机构应对控股股东、实际控制人、董事、监事、高级管理人员及其近亲属，本次发行的中介机构及其负责人、高级管理人员、经办人员是否直接或间接在该等资产管理产品、契约型私募投资基金中持有权益进行核查并发表明确意见。

（4）中介机构应核查确认资产管理产品、契约型私募投资基金已作出合理安排，可确保符合现行锁定期和减持规则要求。

4-5 出资瑕疵

发行人的注册资本应依法足额缴纳。发起人或者股东用作出资的资产的财产权转移手续已办理完毕。保荐机构和发行人律师应关注发行人是否存在股东未全面履行出资义务、抽逃出资，出资方式等存在瑕疵，或者发行人历史上涉及国有企业、集体企业改制存在瑕疵的情形。

（1）历史上存在出资瑕疵的，应当在申报前依法采取补救措施。保荐机构和发行人律师应当对出资瑕疵事项的影响及发行人或相关股东是否因出资瑕疵受到过行政处罚、是否构成重大违法行为及本次发行的法律障碍，是否存在纠纷或潜在纠纷进行核查并发表明确意见。发行人应当充分披露存在的出资瑕疵事项、采取的补救措施，以及中介机构的核查意见。

（2）对于发行人是国有或集体企业改制而来，或发行人主要资产来自国有或集体企业，或历史上存在挂靠集体组织经营的企业，若改制或取得资产过程中法律依据不明确、相关程序存在瑕疵或与有关法律法规存在明显冲突，原则上发行人应在招股说明书中披露有权部门关于改制或取得资产程序的合法性、是否造成国有或集体资产流失的意见。国有企业、集体企业改制过程不存在上述情况的，保荐机构、发行人律师应结合当时有效的法律法规等，分析说明有关改制行为是否经有权机关批准、法律依据是否充分、履行的程序是否合法以及对发行人的影响等。发行人应在招股说明书中披露相关中介机构的核查意见。

4-6　发行人资产来自上市公司

境内上市公司在境内分拆子公司上市，保荐机构和发行人律师应核查是否符合境内分拆上市的相关规定并发表意见；境外上市公司在境内分拆子公司上市，保荐机构和发行人律师应核查是否符合境外监管的相关规定并发表意见。

除上述情形外的发行人部分资产来自上市公司，保荐机构和发行人律师应当针对以下事项进行核查并发表意见。

（1）发行人取得上市公司资产的背景、所履行的决策程序、审批程序与信息披露情况，是否符合法律法规、交易双方公司章程以及证监会和证券交易所有关上市公司监管和信息披露要求，资产转让是否存在诉讼、争议或潜在纠纷。

（2）发行人及其关联方的董事、监事和高级管理人员在上市公司及其关联方的历史任职情况及合法合规性，是否存在违反竞业禁止义务的情形，与上市公司及其董事、监事和高级管理人员是否存在亲属及其他密切关系，如存在，在相关决策程序履行过程中，相关人员是否回避表决或采取保护非关联股东利益的有效措施；资产转让过程中是否存在损害上市公司及其中小投资者合法利益的情形。

（3）发行人来自上市公司的资产置入发行人的时间，在发行人资产中的占比情况，对发行人生产经营的作用。

4-7　股权质押、冻结或发生诉讼仲裁

对于控股股东、实际控制人支配的发行人股权出现质押、冻结或诉讼仲裁的，发行人应当按照招股说明书准则要求予以充分披露；保荐机构、发行人律师应当充分核查发生上述情形的原因，相关股权比例，质权人、申请人或其他利益相关方的基本情况，约定的质权实现情形，控股股东、实际控制人的财务状况和清偿能力，以及是否存在股份被强制处分的可能性、是否存在影响发行人控制权稳定的情形等。对于被冻结或诉讼纠纷的股权达到一定比例或被质押的股权达到一定比例且控股股东、实际控制人明显不具备清偿能力，导致发行人控制权存在不确定性的，保荐机构及发行人律师应充分

论证，并就是否符合发行条件审慎发表意见。

对于发行人的董事、监事及高级管理人员所持股份发生被质押、冻结或发生诉讼纠纷等情形的，发行人应当按照招股说明书准则的要求予以充分披露，并向投资者揭示风险。

4–8　境外控制架构

实际控制人实现控制的条线存在境外控制架构的，保荐机构和发行人律师应当对发行人设置此类架构的原因、合法性及合理性，持股的真实性，是否存在委托持股、信托持股，是否有各种影响控股权的约定，股东的出资来源等问题进行核查，说明发行人控股股东和受控股股东、实际控制人支配的股东所持发行人的股份权属是否清晰，以及发行人如何确保其公司治理和内控的有效性，并发表明确意见。

4–9　诉讼或仲裁

（1）发行人应当在招股说明书中披露对股权结构、生产经营、财务状况、未来发展等可能产生较大影响的诉讼或仲裁事项，包括案件受理情况和基本案情，诉讼或仲裁请求，判决、裁决结果及执行情况，诉讼或仲裁事项对发行人的影响等。如诉讼或仲裁事项可能对发行人产生重大影响，应当充分披露发行人涉及诉讼或仲裁的有关风险。

（2）保荐机构、发行人律师应当全面核查报告期内发生或虽在报告期外发生但仍对发行人产生较大影响的诉讼或仲裁的相关情况，包括案件受理情况和基本案情，诉讼或仲裁请求，判决、裁决结果及执行情况，诉讼或仲裁事项对发行人的影响等。

发行人提交首发申请至上市期间，保荐机构、发行人律师应当持续关注发行人诉讼或仲裁的进展情况、发行人是否新发生诉讼或仲裁事项。发行人诉讼或仲裁的重大进展情况以及新发生的对股权结构、生产经营、财务状况、未来发展等可能产生较大影响的诉讼或仲裁事项，应当及时补充披露。

（3）发行人控股股东、实际控制人、控股子公司、董事、监事、高级管理人员和核心技术人员涉及的重大诉讼或仲裁事项比照上述标准执行。

（4）涉及主要产品、核心商标、专利、技术等方面的诉讼或仲裁可能对发行人生产经营造成重大影响，或者诉讼、仲裁有可能导致发行人实际控制人变更，或者其他可能导致发行人不符合发行条件的情形，保荐机构和发行人律师应在提出明确依据的基础上，充分论证该等诉讼、仲裁事项是否构成本次发行的法律障碍并审慎发表意见。

4-10　资产完整性

发行人租赁控股股东、实际控制人房产或者商标、专利来自控股股东、实际控制人授权使用的，保荐机构和发行人律师通常应关注并核查以下方面：相关资产的具体用途、对发行人的重要程度、未投入发行人的原因、租赁或授权使用费用的公允性、是否能确保发行人长期使用、今后的处置方案等，并就该等情况是否对发行人资产完整性和独立性构成重大不利影响发表明确意见。

如发行人存在以下情形之一的，保荐机构及发行人律师应当重点关注、充分核查论证并发表意见：一是生产型企业的发行人，其生产经营所必需的主要厂房、机器设备等固定资产系向控股股东、实际控制人租赁使用；二是发行人的核心商标、专利、主要技术等无形资产是由控股股东、实际控制人授权使用。

4-11　关联交易

中介机构在尽职调查过程中，应当尊重企业合法合理、正常公允且确实有必要的经营行为，如存在关联交易的，应就交易的合法性、必要性、合理性及公允性，以及关联方认定，关联交易履行的程序等事项，基于谨慎原则进行核查，同时请发行人予以充分信息披露，具体如下。

(1) 关于关联方认定。发行人应当按照公司法《企业会计准则》和中国证监会、证券交易所的相关规定认定并披露关联方。

(2) 关于关联交易的必要性、合理性和公允性。发行人应披露关联交易的交易内容、交易金额、交易背景以及相关交易与发行人主营业务之间的关系；还应结合可比市场公允价格、第三方市场价格、关联方与其他交易方的价格等，说明并摘要披露关联交易的公允性，是否存在对发行人或关联方的利益输送。

对于控股股东、实际控制人与发行人之间关联交易对应的营业收入、成本费用或利润总额占发行人相应指标的比例较高（如达到30%）的，发行人应结合相关关联方的财务状况和经营情况、关联交易产生的营业收入、利润总额合理性等，充分说明并摘要披露关联交易是否影响发行人的经营独立性、是否构成对控股股东或实际控制人的依赖，是否存在通过关联交易调节发行人收入利润或成本费用、对发行人利益输送的情形；此外，发行人还应披露未来减少与控股股东、实际控制人发生关联交易的具体措施。

（3）关于关联交易的决策程序。发行人应当披露章程对关联交易决策程序的规定，已发生关联交易的决策过程是否与章程相符，关联股东或董事在审议相关交易时是否回避，以及独立董事和监事会成员是否发表不同意见等。

（4）关于关联方和关联交易的核查。保荐机构及发行人律师应对发行人的关联方认定，发行人关联交易信息披露的完整性，关联交易的必要性、合理性和公允性，关联交易是否影响发行人的独立性、是否可能对发行人产生重大不利影响，以及是否已履行关联交易决策程序等进行充分核查并发表意见。

4-12 董事、高级管理人员、核心技术人员变化

发行人应当按照要求披露董事、高级管理人员的变动情况。中介机构对上述人员是否发生重大变化的认定，应当本着实质重于形式的原则，综合两方面因素分析：一是最近36个月（或24个月）内的变动人数及比例，在计算人数比例时，以董事和高级管理人员合计总数作为基数；二是上述人员离职或无法正常参与发行人的生产经营是否对发行人生产经营产生重大不利影响。

如果最近36个月（或24个月）内发行人的董事、高级管理人员变动人数比例较大，或董事、高级管理人员中的核心人员发生变化，对发行人的生产经营产生重大不利影响的，保荐机构及发行人律师应当重点关注、充分核查论证并审慎发表意见。

变动后新增的董事、高级管理人员来自原股东委派或发行人内部培养产生的，原则上不构成人员的重大变化。发行人管理层因退休、调任等原因发生岗位变化的，不轻易认定为重大变化，但发行人应当披露相关人员变动

对公司生产经营的影响。

发行人申请在科创板上市的，还应当按照上述要求披露核心技术人员的变动情况。保荐机构及发行人律师按照要求核查论证并发表意见。

4-13　土地使用权

发行人存在使用或租赁使用集体建设用地、划拨地、农用地、耕地、基本农田及其上建造的房产等情形的，保荐机构和发行人律师应对其取得和使用是否符合土地管理法等法律法规的规定、是否依法办理了必要的审批或租赁备案手续、有关房产是否为合法建筑、是否可能被行政处罚、是否构成重大违法行为出具明确意见，说明具体理由和依据。

上述土地为发行人自有或虽为租赁但房产为自建的，如存在不规范情形且短期内无法整改，保荐机构和发行人律师应结合该土地或房产的面积占发行人全部土地或房产面积的比例，使用上述土地或房产产生的营业收入、毛利、利润情况，评估其对于发行人的重要性。如面积占比较低、对生产经营影响不大，应披露将来如因土地问题被处罚的责任承担主体、搬迁的费用及承担主体、有无下一步解决措施等，并对该等事项做重大风险提示。

发行人生产经营用的主要房产系租赁上述土地上所建房产的，如存在不规范情形，原则上不构成发行上市障碍。保荐机构和发行人律师应就其是否对发行人持续经营构成重大影响发表明确意见。发行人应披露如因土地问题被处罚的责任承担主体、搬迁的费用及承担主体、有无下一步解决措施等，并对该等事项做重大风险提示。

发行人募投用地尚未取得的，需披露募投用地的计划，取得土地的具体安排、进度等。保荐机构、发行人律师需对募投用地是否符合土地政策、城市规划，募投用地落实的风险等进行核查并发表明确意见。

4-14　环保问题的披露及核查要求

发行人应当在招股说明书中充分做好相关信息披露，包括：生产经营中涉及环境污染的具体环节、主要污染物名称及排放量、主要处理设施及处理能力；报告期内，发行人环保投资和相关费用成本支出情况，环保设施实际运行情况，报告期内环保投入、环保相关成本费用是否与处理公司生产经营所产生的污染相匹配；募投项目所采取的环保措施及相应的资金来源和金额等；公司生产经营与募集资金投资项目是否符合国家和地方环保要求，发行人若发生环保事故或受到行政处罚的，应披露原因、经过等具体情况，发行人是否构成重大违法行为，整改措施及整改后是否符合环保法律法规的有关规定。

保荐机构和发行人律师应对发行人的环保情况进行核查，包括：是否符合国家和地方环保要求，已建项目和已经开工的在建项目是否履行环评手续，公司排污达标检测情况和环保部门现场检查情况，公司是否发生环保事故或重大群体性的环保事件，有关公司环保的媒体报道。

在对发行人全面系统核查基础上，保荐机构和发行人律师应对发行人生产经营总体是否符合国家和地方环保法规和要求发表明确意见，发行人曾发生环保事故或因环保问题受到处罚的，保荐机构和发行人律师应对是否构成重大违法行为发表明确意见。

4-15 发行人与关联方共同投资

发行人如存在与其控股股东、实际控制人、董事、监事、高级管理人员及其亲属直接或者间接共同设立公司情形，发行人及中介机构应主要披露及核查以下事项。

(1) 发行人应当披露相关公司的基本情况，包括但不限于公司名称、成立时间、注册资本、住所、经营范围、股权结构、最近一年又一期主要财务数据及简要历史沿革。

(2) 中介机构应当核查发行人与上述主体共同设立公司的背景、原因和必要性，说明发行人出资是否合法合规、出资价格是否公允。

(3) 如发行人与共同设立的公司存在业务或资金往来的，还应当披露相关交易的交易内容、交易金额、交易背景以及相关交易与发行人主营业务之间的关系。中介机构应当核查相关交易的真实性、合法性、必要性、合理性及公允性，是否存在损害发行人利益的行为。

(4) 如公司共同投资方为董事、高级管理人员及其近亲属，中介机构应核查说明公司是否符合公司法相关规定，即董事、高级管理人员未经股东会或者股东大会同意，不得利用职务便利为自己或者他人谋取属于公司的商业机会，自营或者为他人经营与所任职公司同类的业务。

4-16 社保、公积金缴纳

发行人报告期内存在应缴未缴社会保险和住房公积金情形的，应当在招股说明书中披露应缴未缴的具体情况及形成原因，如补缴对发行人的持续经营可能造成的影响，揭示相关风险，并披露应对方案。保荐机构、发行人律师应对前述事项进行核查，并对是否属于重大违法行为出具明确意见。

4-17 公众公司、H 股公司或境外分拆、退市公司申请 IPO 的核查要求

发行人曾为或现为新三板挂牌公司、境外上市公司的，应说明并简要披露其在挂牌或上市过程中，以及挂牌或上市期间在信息披露、股权交易、董事会或股东大会决策等方面的合法合规性，披露摘牌或退市程序的合法合规性（如有），是否存在受到处罚的情形。涉及境外退市或境外上市公司资产出售的，发行人还应披露相关外汇流转及使用的合法合规性。保荐机构及发行人律师应对上述事项进行核查并发表意见。

如新三板挂牌公司的股东中包含被认定为不适格股东的，发行人应合并披露相关持股比例，合计持股比例较高的，应披露原因及其对发行人生产经营的影响。

4-18 募集资金用途

首次公开发行股票的募集资金除可用于固定资产投资项目外，还可用于公司的一般用途，如补充流动资金、偿还银行贷款等。募集资金的数额和投资方向应当与发行人现有生产经营规模、财务状况、技术水平和管理能力、未来资本支出规划等相适应。发行人应谨慎运用募集资金、注重投资者回报，并根据相关监管要求，加强募集资金运用的持续性信息披露。

募集资金用于固定资产投资项目的，发行人应按照招股说明书信息披露准则的要求披露项目的建设情况、市场前景及相关风险等。募集资金用于补充流动资金等一般用途的，发行人应在招股说明书中分析披露募集资金用于上述一般用途的合理性和必要性。其中，用于补充流动资金的，应结合公司行业特点、现有规模及成长性、资金周转速度等合理确定相应规模；用于偿还银行贷款的，应结合银行信贷及债权融资环境、公司偿债风险控制目标

等说明偿还银行贷款后公司负债结构合理性等。

募集资金投向科技创新领域的，发行人应当披露其具体安排及与发行人现有主要业务、核心技术之间的关系、发行人为实施募投项目所储备的研发基础。保荐机构应当对募集资金用途是否符合科创领域、是否与发行人现有业务与技术水平相匹配、发行人是否具备实施本次募投项目的科研能力发表核查意见。

已通过上市委员会审议的，发行人原则上不得调整募集资金投资项目，但可根据募投项目实际投资情况、成本变化等因素合理调整募集资金的需求量，并可以将部分募集资金用于公司一般用途，但需在招股说明书中说明调整的原因。已通过上市委员会审议的发行人如提出增加新股发行数量的，属于发行上市审核规则规定的影响发行上市及投资者判断的重大事项，需重新提交上市委员会审议。

4-19　首发相关承诺

（1）关于减持价格和股票锁定期延长承诺

《中国证监会关于进一步推进新股发行体制改革的意见》规定了解禁后24个月内减持价不低于发行价和特定情形下锁定期限自动延长6个月的最低承诺要求，发行人控股股东、持有股份的董事、高级管理人员也可根据具体情形提出更高、更细的锁定要求。对于已作出承诺的董事、高级管理人员，应明确不因其职务变更、离职等原因，而放弃履行承诺。

（2）关于上市36个月内公司股价低于每股净资产时承诺稳定公司股价的预案

启动预案的触发条件必须明确，比如公司股票连续20个交易日收盘价均低于每股净资产；发行人、控股股东、董事（独立董事除外）及高级管理人员都必须提出相应的股价稳定措施，具体措施可以是发行人回购公司股票，控股股东增持公司股票，董事、高级管理人员增持公司股票、减薪等，上述措施的启动情形和具体内容应当明确，确定出现相关情形时股价稳定措施何时启动，将履行的法律程序等，以明确市场预期。稳定股价措施可根据公司的具体情况自主决定，但应明确可预期，比如明确增持公司股票的数量或资金金额。对于未来新聘的董事、高级管理人员，也应要求其履行公司发行上市时董事、高级管理人员已作出的相应承诺要求。

(3) 关于股份回购承诺

招股说明书及有关申报文件应明确如招股说明书存在对判断发行人是否符合法律规定的发行条件构成重大、实质影响的虚假记载、误导性陈述或者重大遗漏需回购股份情形的，发行人、控股股东将如何启动股份回购措施、以什么价格回购等；公司及控股股东、实际控制人、董事、监事、高级管理人员及相关中介机构作出的关于赔偿投资者损失的承诺应当具体、明确，确保投资者合法权益得到有效保护。

(4) 关于持股 5% 以上股东持股意向

发行前持股 5% 及其以上的股东必须至少披露限售期结束后 24 个月内的减持意向，减持意向应说明减持的价格预期、减持股数，不可以“根据市场情况减持”等语句敷衍。招股说明书及相关申报材料应披露该等股东持有股份的锁定期安排，将在满足何种条件时，以何种方式、价格在什么期限内进行减持；并承诺在减持前 3 个交易日予以公告，通过证券交易所集中竞价交易首次减持的在减持前 15 个交易日予以公告。如未履行上述承诺，要明确将承担何种责任和后果。

(5) 关于发行人及其控股股东、中介机构各自的职责

发行人及其控股股东等责任主体所作出的承诺及相关约束措施，是招股说明书等申报文件的必备内容，应按要求进行充分披露。除上述承诺外，包括发行人、控股股东等主体作出的其他承诺，如控股股东、实际控制人关于规范关联交易等的承诺等，也应同时提出未能履行承诺时的约束措施。

保荐机构应对相关承诺的内容合法、合理，失信补救措施的及时有效等发表核查意见。发行人律师应对相关承诺及约束措施的合法性发表意见。

4–20　中小商业银行披露及核查要求

中小商业银行申报发行上市，发行人应重点说明并披露下列问题。

(1) 中小商业银行是否符合产权清晰、公司治理健全、风险管控能力强、资产质量好、有一定规模且业务较为全面、竞争力和盈利能力较强的要求。

(2) 最近两年银行业监管部门监管评级的综合评级结果。

(3) 最近三年年末及最近一期末风险监管核心指标是否符合银行业监管

部门的相关规定。

（4）持续经营能力。

（5）最近一年及最近一期末存款或贷款规模在主要经营地中小商业银行的市场份额排名中是否居于前列。

（6）最近三年内是否进行过重大不良资产处置、剥离，或发生过重大银行案件。

（7）报告期内监管评级、风险监管核心指标的变动情况及变动原因。

（8）内部职工持股是否符合《关于规范金融企业内部职工持股的通知》（财金〔2010〕97号）的规定。

（9）银行设立、历次增资和股权转让是否按规定向银行业监管部门履行了必要的审批或者备案等手续。

（10）是否已结合资本状况、股权结构、业务现状及其发展状况等因素，合理确定资本金补充机制，并在招股说明书中予以披露。

（11）是否参照《公开发行证券的公司信息披露编报规则第26号——商业银行信息披露特别规定》（证监会公告〔2008〕33号）的规定编制招股说明书。

保荐机构、发行人律师应对前述事项进行核查，并对下列事项发表明确核查意见。

（1）贷款风险分类制度的健全性和执行的有效性，所推荐的中小商业银行是否已根据银行业监管部门要求制定贷款分类制度并在报告期内得到有效执行。

（2）公司治理结构、风险管理体系和内部控制制度的健全性和有效性，所推荐的中小商业银行是否已建立健全的公司治理结构、完善的风险管理体系和内部控制制度，其报告期内各项风险管理与内部控制措施是否得到全面有效执行。

（3）重点风险领域相关业务的风险与合法、合规性，所推荐的中小商业银行相关业务是否合法、合规，是否存在重大风险。

（4）贷款集中度和关联贷款，所推荐中小商业银行是否存在重大信用风险。

4–21　其他说明

本指引自公布之日起施行。

《发行监管问答——关于首发企业中创业投资基金股东的锁定期安排》《发行监管问答——中小商业银行发行上市审核》《发行监管问答——募集资金运用信息披露》《发行监管问答——落实首发承诺及老股转让规定》《发行监管问答——关于相关责任主体承诺事项的问答》《发行监管问答——关于调整首次公开发行股票企业征求国家发改委意见材料的要求》《发行监管问答——首发企业上市地选择和申报时间把握等》《发行监管问答——关于与发行监管工作相关的私募投资基金备案问题的解答》《首发业务若干问题解答》等同步废止。

监管规则适用指引——发行类第5号

（发文日期：2023年02月17日）

目 录

5-1 增资或转让股份形成的股份支付

一、具体适用情形

发行人向职工（含持股平台）、顾问、客户、供应商及其他利益相关方等新增股份，以及主要股东及其关联方向职工（含持股平台）、客户、供应商及其他利益相关方等转让股份，发行人应根据重要性水平，依据实质重于形式原则，对相关协议、交易安排及实际执行情况进行综合判断，并进行相应会计处理。有充分证据支持属于同一次股权激励方案、决策程序、相关协议而实施的股份支付，原则上一并考虑适用。

1. 实际控制人 / 老股东增资

解决股份代持等规范措施导致股份变动，家族内部财产分割、继承、赠与等非交易行为导致股份变动，资产重组、业务并购、转换持股方式、向老股东同比例配售新股等导致股份变动，有充分证据支持相关股份获取与发行人获得其服务无关的，不适用《企业会计准则第 11 号——股份支付》。

为发行人提供服务的实际控制人 / 老股东以低于股份公允价值的价格增资入股，且超过其原持股比例而获得的新增股份，应属于股份支付。如果增资协议约定，所有股东均有权按各自原持股比例获得新增股份，但股东之间转让新增股份受让权且构成集团内股份支付，导致实际控制人 / 老股东超过其原持股比例获得的新增股份，也属于股份支付。实际控制人 / 老股东原持股比例，应按照相关股东直接持有与穿透控股平台后间接持有的股份比例合并计算。

2. 顾问或实际控制人 / 老股东亲友获取股份

发行人的顾问或实际控制人 / 老股东亲友（以下简称当事人）以低于股份公允价值的价格取得股份，应综合考虑发行人是否获取当事人及其关联方的服务。

发行人获取当事人及其关联方服务的，应构成股份支付。

实际控制人 / 老股东亲友未向发行人提供服务，但通过增资取得发行人股份的，应考虑是否实际构成发行人或其他股东向实际控制人 / 老股东亲友让予利益，从而构成对实际控制人 / 老股东的股权激励。

3. 客户、供应商获取股份

发行人客户、供应商入股的，应综合考虑购销交易公允性、入股价格公允性等因素判断。

购销交易价格与第三方交易价格、同类商品市场价等相比不存在重大差异，且发行人未从此类客户、供应商获取其他利益的，一般不构成股份支付。

购销交易价格显著低于/高于第三方交易价格、同类商品市场价等可比价格的:（1）客户、供应商入股价格未显著低于同期财务投资者入股价格的，一般不构成股份支付;（2）客户、供应商入股价格显著低于同期财务投资者入股价格的，需要考虑此类情形是否构成股份支付、是否显著低于同期财务投资者入股价格，应综合考虑与价格公允性相关的各项因素。

二、确定公允价值应考虑因素

确定公允价值，应综合考虑以下因素:（1）入股时期，业绩基础与变动预期，市场环境变化;（2）行业特点，同行业并购重组市盈率、市净率水平;（3）股份支付实施或发生当年市盈率、市净率等指标;（4）熟悉情况并按公平原则自愿交易的各方最近达成的入股价格或股权转让价格，如近期合理的外部投资者入股价，但要避免采用难以证明公允性的外部投资者入股价;（5）采用恰当的估值技术确定公允价值，但要避免采取有争议的、结果显失公平的估值技术或公允价值确定方法，如明显增长预期下按照成本法评估的净资产或账面净资产。判断价格是否公允应考虑与某次交易价格是否一致，是否处于股权公允价值的合理区间范围内。

三、确定等待期应考虑因素

股份立即授予或转让完成且没有明确约定等待期等限制条件的，股份支付费用原则上应一次性计入发生当期，并作为偶发事项计入非经常性损益。设定等待期的股份支付，股份支付费用应采用恰当方法在等待期内分摊，并计入经常性损益。

发行人应结合股权激励方案及相关决议，入股协议，服务合同，发行人回购权的期限、回购价格等有关等待期的约定及实际执行情况，综合判断相关约定是否实质上构成隐含的可行权条件，即职工是否必须完成一段时间的服务或完成相关业绩方可真正获得股权激励对应的经济利益。

发行人在股权激励方案中没有明确约定等待期，但约定一旦职工离职或存在其他情形（例如职工考核不达标等非市场业绩条件），发行人、实际控制人或其指定人员有权回购其所持股份或在职工持股平台所持有财产份额的，应考虑此类条款或实际执行情况是否构成实质性的等待期，尤其关注回购价格影响。回购价格公允，回购仅是股权归属安排的，职工在授予日已获得相关利益，原则上不认定存在等待期，股份支付费用无需分摊。回购价格不公允或尚未明确约定的，表明职工在授予日不能确定获得相关利益，只有满足特定条件后才能获得相关利益，应考虑是否构成等待期。

1. 发行人的回购权存在特定期限

发行人对于职工离职时相关股份的回购权存在特定期限，例如固定期限届满前、公司上市前或上市后一定期间等，无证据支持相关回购价格公允的，一般应将回购权存续期间认定为等待期。

2. 发行人的回购权没有特定期限，且回购价格不公允

发行人的回购权没有特定期限或约定职工任意时间离职时发行人均有权回购其权益，且回购价格与公允价值存在较大差异的，例如职工仅享有持有期间的分红权、回购价格是原始出资额或原始出资额加定期利息等，发行人应结合回购价格等分析职工实际取得的经济利益，判断该事项应适用职工薪酬准则还是股份支付准则。

3. 发行人的回购权没有特定期限，且回购价格及定价基础均未明确约定

发行人的回购权没有特定期限，且回购价格及定价基础均未明确约定的，应考虑相关安排的商业合理性。发行人应在申报前根据股权激励的目的和商业实质对相关条款予以规范，明确回购权期限及回购价格。

四、核查要求

保荐机构及申报会计师应对发行人的股份变动是否适用《企业会计准则第 11 号——股份支付》进行核查，并对以下问题发表明确意见：股份支付相关安排是否具有商业合理性；股份支付相关权益工具公允价值的计量方法及结果是否合理，与同期可比公司估值是否存在重大差异；与股权所有权或

收益权等相关的限制性条件是否真实、可行，相关约定是否实质上构成隐含的可行权条件，等待期的判断是否准确，等待期各年 / 期确认的职工服务成本或费用是否准确；发行人股份支付相关会计处理是否符合规定。

五、信息披露

发行人应根据重要性原则，在招股说明书中披露股份支付的形成原因、具体对象、权益工具的数量及确定依据、权益工具的公允价值及确认方法、职工持有份额 / 股份转让的具体安排等。

5-2 应收款项减值

保荐机构及申报会计师应对发行人应收款项包括但不限于以下事项进行核查并发表明确意见。

一、根据预期信用损失模型，发行人可依据包括客户类型、商业模式、付款方式、回款周期、历史逾期、违约风险、时间损失、账龄结构等因素形成的显著差异，对应收款项划分不同组合分别进行减值测试。

二、发行人评估预期信用损失，应考虑所有合理且有依据的信息，包括前瞻性信息，并说明预期信用损失的确定方法和相关参数的确定依据。

三、如果对某些单项或某些组合应收款项不计提坏账准备，发行人应充分说明并详细论证未计提的依据和原因，是否存在确凿证据，是否存在信用风险，账龄结构是否与收款周期一致，是否考虑前瞻性信息，不应仅以欠款方为关联方客户、优质客户、政府工程客户或历史上未发生实际损失等理由而不计提坏账准备。

四、发行人重要客户以现金、银行转账以外方式回款的，应清晰披露回款方式。

五、发行人应清晰说明应收账款账龄的起算时点，分析披露的账龄情况与实际是否相符；应收账款初始确认后又转为商业承兑汇票结算的或应收票据初始确认后又转为应收账款结算的，发行人应连续计算账龄并评估预期信用损失；应收账款保理业务，如有追索权债权转让，发行人应根据原有账龄评估预期信用损失。

六、发行人应参考同行业上市公司确定合理的应收账款坏账准备计提政策；计提比例与同行业上市公司存在显著差异的，应在招股说明书中披露具体原因。

5-3　客户资源或客户关系及企业合并涉及无形资产的判断

一、客户资源或客户关系，只有源自合同性权利或其他法定权利且确保能在较长时期内获得稳定收益，才能确认为无形资产。发行人无法控制客户资源或客户关系带来的未来经济利益的，不应确认无形资产。发行人开拓市场过程中支付的营销费用，或仅购买相关客户资料，而客户并未与出售方签订独家或长期买卖合同，有关“客户资源”或“客户关系”支出通常应为发行人获取客户渠道的费用。

发行人已将客户资源或客户关系确认为无形资产的，应详细说明确认的依据，是否符合无形资产的确认条件。发行人应在资产负债表日判断是否存在可能发生减值的迹象，如考虑上述无形资产对应合同的实际履行情况与确认时设定的相关参数是否存在明显差异等。保荐机构及申报会计师应针对上述事项发表明确意见。

二、非同一控制下企业合并中，购买方在初始确认购入的资产时，应充分识别被购买方拥有但财务报表未确认的无形资产，满足会计准则规定确认条件的，应确认为无形资产。

在企业合并确认无形资产的过程中，发行人应保持专业谨慎，充分论证是否存在确凿证据以及可计量、可确认的条件，评估师应按照公认可靠的评估方法确认其公允价值。保荐机构及申报会计师应保持应有的职业谨慎，详细核查发行人确认的无形资产是否符合会计准则规定的确认条件和计量要求，是否存在虚构无形资产情形，是否存在估值风险和减值风险。

5-4　研发支出资本化

一、会计处理要求

研究阶段的支出，应于发生时计入当期损益；开发阶段的支出，在同时满足会计准则列明的条件时，才能按规定确认为无形资产。

初始确认和计量时，发行人应结合研发支出资本化相关内控制度的健全性和有效性，逐条具体分析进行资本化的开发支出是否同时满足会计准则规定的条件。后续计量时，相关无形资产的预计使用寿命和摊销方法应符合会计准则规定，按规定进行减值测试并足额计提减值准备。

二、核查要求

中介机构应从研究开发项目的立项与验收、研究阶段及开发阶段划分、资本化条件确定、费用归集及会计核算和相关信息披露等方面，关注发行人研究开发活动和财务报告流程相关内部控制是否健全有效并一贯执行，对发行人研发支出资本化相关会计处理的合规性、谨慎性和一贯性发表核查意见。

1. 研发支出成本费用归集范围是否恰当，研发支出是否真实、准确，是否与相关研发活动相关。

2. 研究阶段和开发阶段划分是否合理，是否与研发流程相联系，是否遵循正常研发活动的周期及行业惯例并一贯运用，是否完整、准确披露研究阶段与开发阶段划分依据。

3. 研发支出资本化条件是否均已满足，是否具有内外部证据支持。应重点从技术可行性，预期产生经济利益方式，技术、财务资源和其他资源支持等方面进行关注。

4. 是否为申请高新技术企业认定及企业所得税费用加计扣除等目的虚增研发支出。

5. 研发支出资本化的会计处理与同行业可比公司是否存在重大差异及差异的合理性。

三、信息披露

发行人应根据重要性原则，在招股说明书中披露：

1. 研发支出资本化相关会计政策，与资本化相关研发项目的研究内容、进度、成果、完成时间（或预计完成时间）、经济利益产生方式（或预计产生方式）、当期和累计资本化金额、主要支出构成，以及资本化的起始时点和确定依据等。

2. 与研发支出资本化相关的无形资产的预计使用寿命、摊销方法、减值等情况，并说明是否符合相关规定，研发支出资本化时点是否与同行业可比公司存在重大差异及合理性。发行人应结合研发项目推进和研究成果运用可能发生的内外部不利变化、与研发支出资本化相关的无形资产规模等因素，充分披露相关无形资产的减值风险及对公司未来业绩可能产生的不利影响。

5-5　科研项目相关政府补助

一、会计处理要求

发行人应结合科研项目获取政府经济资源的主要目的和科研成果所有权归属，判断上述从政府取得的经济资源适用的具体准则。

若发行人充分证明相关科研项目与日常活动相关，从政府取得的经济资源属于提供研发服务或者使用相关科研项目技术所生产商品的对价或者对价组成部分，原则上适用收入准则；若发行人充分证明从该科研项目获得的政府经济资源是无偿的，补助资金主要用途是形成发行人自有知识产权，原则上适用政府补助准则。

发行人应结合补助条件、形式、与公司日常活动的相关性等，说明相关会计处理是否符合会计准则规定。

二、非经常性损益列报要求

企业从政府无偿取得的货币性资产或非货币性资产应确认为政府补助。企业应根据《公开发行证券的公司信息披露解释性公告第1号——非经常性损益》判断政府补助是否应列入非经常性损益。通常情况下，政府补助文件中明确补助发放标准，企业可根据其经营活动的产量或者销量等确定可能持续收到的补助金额，属于定额或定量的政府补助，应列入经常性损益。企业因研究或专项课题等获得的政府补助，即使政府通过预算等方式明确各期补助发放金额，但与企业经营活动的产量或者销量等无关，则不属于定额或定量的政府补助，应列入非经常性损益。

三、核查要求

保荐机构及申报会计师应核查发行人上述事项，并对发行人政府补助相关会计处理和非经常性损益列报的合规性发表意见。

四、信息披露

发行人应根据重要性原则，披露所承担科研项目的名称、类别、实施周期、总预算及其中的财政预算金额、计入当期收益和经常性损益的政府补助金额等内容。

5-6　有关涉税事项

一、发行人依法取得的税收优惠，如高新技术企业、软件企业、文化企业及西部大开发等特定性质或区域性的税收优惠，符合《公开发行证券的公司信息披露解释性公告第1号——非经常性损益》规定的，可以计入经常性损益。

二、中介机构应对照税收优惠的相关条件和履行程序的相关规定，对发行人税收优惠政策到期后是否能够继续享受优惠发表明确意见：(1) 如果很可能获得相关税收优惠批复，按优惠税率预提预缴经税务部门同意，可暂按优惠税率预提，并说明如果未来被追缴税款，是否有大股东承诺补偿；同时，发行人应在招股说明书中披露税收优惠不确定性风险。(2) 如果获得相关税收优惠批复的可能性较小，需按照谨慎性原则按正常税率预提，未来根据实际的税收优惠批复情况相应调整。

三、发行人补缴税款，符合会计差错更正要求的，可追溯调整至相应期间；缴纳罚款、滞纳金等，原则上应计入缴纳当期。

5-7　持续经营能力

发行人存在以下情形的，保荐机构及申报会计师应重点关注是否影响发行人持续经营能力。

一、发行人因宏观环境因素影响存在重大不利变化风险，如法律法规、汇率税收、国际贸易条件、不可抗力事件等。

二、发行人因行业因素影响存在重大不利变化风险，如：

1. 发行人所处行业被列为行业监管政策中的限制类、淘汰类范围，或行业监管政策发生重大变化，导致发行人不满足监管要求；

2. 发行人所处行业出现周期性衰退、产能过剩、市场容量骤减、增长停滞等情况；

3. 发行人所处行业准入门槛低、竞争激烈，导致市场占有率下滑；

4. 发行人所处行业上下游供求关系发生重大变化，导致原材料采购价格或产品售价出现重大不利变化。

三、发行人因自身因素影响存在重大不利变化风险，如：

1. 发行人重要客户或供应商发生重大不利变化，进而对发行人业务稳定性和持续性产生重大不利影响；

2. 发行人由于工艺过时、产品落后、技术更迭、研发失败等原因导致市场占有率持续下降，主要资产价值大幅下跌、主要业务大幅萎缩；

3. 发行人多项业务数据和财务指标呈现恶化趋势，由盈利转为重大亏损，且短期内没有好转迹象；

4. 发行人营运资金不能覆盖持续经营期间，或营运资金不能够满足日常经营、偿还借款等需要；

5. 对发行人业务经营或收入实现有重大影响的商标、专利、专有技术以及特许经营权等重要资产或技术存在重大纠纷或诉讼，已经或者将对发行人财务状况或经营成果产生重大不利影响。

四、其他明显影响发行人持续经营能力的情形。

保荐机构及申报会计师应详细分析和评估上述因素的具体情形、影响程度和预期结果，综合判断上述因素是否对发行人持续经营能力构成重大不利影响，审慎发表明确意见，并督促发行人充分披露可能影响持续经营的风险因素。

5–8　财务内控不规范情形

一、适用情形

发行人申请上市成为公众公司，需要建立、完善并严格实施相关财务内部控制制度，保护中小投资者合法权益，在财务内控方面存在不规范情形的，应通过中介机构上市辅导完成整改（如收回资金、结束不当行为等措施）和建立健全相关内控制度，从内控制度上禁止相关不规范情形的持续发生。

部分发行人在提交申报材料的审计截止日前存在财务内控不规范情形，如：①无真实业务支持情况下，通过供应商等取得银行贷款或为客户提供银行贷款资金走账通道（简称“转贷”行为）；②向关联方或供应商开具无真实交易背景的商业票据，通过票据贴现获取银行融资；③与关联方或第三方直接进行资金拆借；④频繁通过关联方或第三方收付款项，金额较大且缺乏商业合理性；⑤利用个人账户对外收付款项；⑥出借公司账户为他人收付款项；⑦违反内部资金管理规定对外支付大额款项、大额现金收支、挪用资金；⑧被关联方以借款、代偿债务、代垫款项或者其他方式占用资金；⑨存在账外账；⑩在销售、采购、研发、存货管理等重要业务循环中存在内控重大缺陷。发行人存在上述情形的，中介机构应考虑是否影响财务内控健全有效。

发行人确有特殊客观原因，认为不属于财务内控不规范情形的，需提供充分合理性证据，如外销业务因外汇管制等原因确有必要通过关联方或第三方代收货款，且不存在审计范围受到限制的情形；连续12个月内银行贷款受托支付累计金额与相关采购或销售（同一交易对手或同一业务）累计金额基本一致或匹配等；与参股公司（非受实际控制人控制）的其他股东同比例提供资金。

首次申报审计截止日后，发行人原则上不能存在上述内控不规范和不能有效执行的情形。

二、核查要求

1. 中介机构应根据有关情形发生的原因及性质、时间及频率、金额及比例等因素，综合判断是否对内控制度有效性构成重大不利影响。

2. 中介机构应对发行人有关行为违反法律法规、规章制度情况进行认定，判断是否属于舞弊行为，是否构成重大违法违规，是否存在被处罚情形或风险，是否满足相关发行条件。

3. 中介机构应对发行人有关行为进行完整核查，验证相关资金来源或去向，充分关注相关会计核算是否真实、准确，与相关方资金往来的实际流向和使用情况，判断是否通过体外资金循环粉饰业绩或虚构业绩。

4. 中介机构应关注发行人是否已通过收回资金、纠正不当行为、改进制度、加强内控等方式积极整改，是否已针对性建立内控制度并有效执行，且未发生新的不合规行为；有关行为是否存在后续影响，是否存在重大风险隐患。发行人已完成整改的，中介机构应结合对此前不规范情形的轻重或影响程度的判断，全面核查、测试，说明测试样本量是否足够支撑其意见，并确认发行人整改后的内控制度是否已合理、正常运行并持续有效，不存在影响发行条件的情形。

5. 中介机构应关注发行人的财务内控是否持续符合规范要求，能够合理保证公司运行效率、合法合规和财务报告的可靠性，不影响发行条件及信息披露质量。

三、信息披露

发行人应根据重要性原则，充分披露报告期内的财务内控不规范行为，如相关交易形成原因、资金流向和用途、违反有关法律法规具体情况及后果、后续可能影响的承担机制，并结合财务内控重大缺陷的认定标准披露有关行为是否构成重大缺陷、整改措施、相关内控建立及运行情况等。

审计截止日为经审计的最近一期资产负债表日。

5-9　会计政策、会计估计变更和差错更正

一、申报前会计政策、会计估计变更和差错更正

发行人在申报前进行审计调整的，申报会计师应按要求对发行人编制的申报财务报表与原始财务报表的差异比较表出具鉴证报告并说明审计调整原因，保荐机构应核查审计调整的合理性与合规性。

报告期内发行人会计政策和会计估计应保持一致，不得随意变更，如变更应符合会计准则的规定，并履行必要的审批程序。保荐机构及申报会计师应关注发行人变更会计政策或会计估计是否有充分、合理的理由及依据。无充分、合理的证据证明会计政策或会计估计变更的合理性，或者未经批准擅自变更会计政策或会计估计的，或者连续、反复自行变更会计政策或会计估计的，视为滥用会计政策或会计估计。

二、申报后会计政策、会计估计变更

发行人申报后存在会计政策、会计估计变更事项的，相关变更事项应符合专业审慎原则，与同行业上市公司不存在重大差异，不存在影响发行人会计基础工作规范性及内控有效性情形。在此基础上，发行人应提交更新后的财务报告。保荐机构及申报会计师应重点核查以下方面并发表明确意见。

1. 变更事项的时间、内容和范围，对发行人的影响。

2. 变更事项的性质、内容、原因及依据，是否合规，是否符合审慎原则；变更后发行人会计政策、会计估计与同行业上市公司是否存在重大差异。

3. 发行人是否滥用会计政策或者会计估计。

4. 变更事项是否反映发行人会计基础工作薄弱或内控缺失。

5. 变更事项是否已准确、充分披露。

三、申报后差错更正

发行人申报后出现会计差错更正事项的，保荐机构及申报会计师应重点核查以下方面并发表明确意见。

1. 差错更正事项的时间、内容和范围，对发行人的影响。

2. 差错更正事项的性质、原因及依据，是否合规，是否符合审慎原则。

3. 差错更正事项是否因会计基础薄弱、内控重大缺陷、盈余操纵、未及时进行审计调整的重大会计核算疏漏、滥用会计政策或者会计估计以及恶意隐瞒或舞弊行为，是否反映发行人会计基础工作薄弱或内控缺失。

4. 差错更正事项是否已准确、充分披露。

5-10　现金交易核查

发行人报告期存在现金交易或以大额现金支付薪酬、报销费用、垫付各类款项的，保荐机构及申报会计师通常应关注并核查以下方面。

1. 现金交易或大额现金支付的必要性与合理性，是否符合发行人业务情况或行业惯例，现金交易比例及其变动情况是否处于合理范围。

2. 现金交易的客户或供应商情况，是否涉及发行人关联方。

3. 相关收入确认及成本核算的原则与依据，是否涉及体外循环或虚构业务。

4. 现金管理制度是否与业务模式、内部管理制度匹配，与现金交易、现金支付相关的内部控制制度是否完备、合理并执行有效。

5. 现金交易流水的发生与相关业务发生是否真实一致，是否存在异常分布。

6. 实际控制人及发行人董事、监事、高管等关联方以及大额现金支付对象是否与客户或供应商及其关联方存在资金往来。

7. 发行人为减少现金交易采取的改进措施及进展情况。

8. 现金交易占比达到重要性水平的，相关风险是否充分披露。

保荐机构及申报会计师应详细说明对发行人现金交易、大额现金支付的核查方法、过程与证据，对发行人报告期现金交易、大额现金支付的真实性、合理性和必要性及相关内控有效性发表明确意见。

5-11　第三方回款核查

一、适用范围

第三方回款通常指发行人销售回款的支付方（如银行汇款的汇款方、银行承兑汇票或商业承兑汇票的出票方或背书转让方）与签订经济合同的往来客户（或实际交易对手）不一致。

二、核查要求

发行人报告期存在第三方回款的，保荐机构及申报会计师通常应重点核查以下方面。

1. 第三方回款的真实性，是否虚构交易或调节账龄。中介机构需核查的内容包括但不限于：抽样选取不一致业务的明细样本和银行对账单回款记录，追查至相关业务合同、业务执行记录及资金流水凭证，获取相关客户代付款确认依据，以核实委托付款的真实性、代付金额的准确性及付款方和委托方之间的关系，说明合同签约方和付款方不一致的合理原因及第三方回款统计明细记录的完整性，并对第三方回款所对应营业收入的真实性发表明确意见。

2. 第三方回款有关收入占营业收入的比例，相关金额及比例是否处于合理范围。

3. 第三方回款的原因、必要性及商业合理性，是否与经营模式相关、符合行业经营特点，是否能够区分不同类别的第三方回款。与经营模式相关、符合行业经营特点的第三方回款情况包括但不限于：①客户为个体工商户或自然人，通过家庭约定由直系亲属代为支付货款；②客户为自然人控制的企业，该企业的法定代表人、实际控制人代为支付货款；③客户所属集团通过集团财务公司或指定相关公司代客户统一对外付款；④政府采购项目指定财政部门或专门部门统一付款；⑤通过应收账款保理、供应链物流等合规方式或渠道完成付款；⑥境外客户指定付款。

4. 发行人及其实际控制人、董事、监事、高管或其他关联方与第三方回款的支付方是否存在关联关系或其他利益安排。

5. 境外销售涉及境外第三方回款的，第三方代付的商业合理性或合规性。

6. 是否因第三方回款导致货款归属纠纷。

7. 合同明确约定第三方付款的，该交易安排是否合理。

8. 资金流、实物流与合同约定及商业实质是否一致，第三方回款是否具有可验证性，是否影响销售循环内部控制有效性的认定。

5–12　经销模式

一、适用情形

中介机构应按风险导向和重要性原则，对于报告期任意一期经销收入或毛利占比超过30%的发行人，原则上应按照本规定做好相关工作并出具专项说明，未达到上述标准的，可参照执行。

二、核查内容

(一) 关于经销商模式商业合理性

结合发行人行业特点、产品特性、发展历程、下游客户分布、同行业可比公司情况，分析发行人经销商模式的分类和定义，不同类别、不同层级经销商划分标准，以及采用经销商模式的必要性和商业合理性。

(二) 关于经销商模式内控制度合理性及运行有效性经销商模式内控制度包括但不限于：经销商选取标准和批准程序，对不同类别经销商、多层级经销商管理制度，终端销售管理、新增及退出管理方法，定价考核机制（包括营销、运输费用承担和补贴、折扣和返利等），退换货机制，物流管理模式（是否直接发货给终端客户），信用及收款管理，结算机制，库存管理机制，对账制度，信息管理系统设计与执行情况，说明相关内控制度设计的合理性及运行的有效性。

(三) 关于经销收入确认、计量原则

经销收入确认、计量原则，对销售补贴或返利、费用承担、经销商保证金的会计处理，对附有退货条件、给予购销信用、前期铺货借货、经销商作为居间人参与销售等特别方式下经销收入确认、计量原则，是否符合《企业会计准则》规定，是否与同行业可比公司存在显著差异。

(四) 关于经销商构成及稳定性

1. 不同类别、不同层级经销商数量、销售收入及毛利占比变动原因及合理性。

2. 新增、退出经销商数量，销售收入及毛利占比，新增、退出经销商销售收入及毛利占比合理性，新设即成为发行人主要经销商的原因及合理性。

3. 主要经销商销售收入及毛利占比，变动原因及合理性，经销商向发行人采购规模是否与其自身业务规模不匹配。

4. 经销商是否存在个人等非法人实体，该类经销商数量、销售收入及毛利占比，与同行业可比公司是否存在显著差异。

(五) 关于经销商与发行人关联关系及其他业务合作

1. 主要经销商基本情况，包括但不限于：注册资本、注册地址、成立时间、经营范围、股东、核心管理人员、员工人数、与发行人合作历史等。

2. 发行人及其控股股东、实际控制人、董事、监事、高管、关键岗位人员及其他关联方与经销商、经销商的终端客户是否存在关联关系或其他利益安排，是否存在其他特殊关系或业务合作（如是否存在前员工、近亲属设立的经销商，是否存在经销商使用发行人名称或商标），是否存在非经营性资金往来，包括对经销商或客户提供的借款、担保等资金支持等。

3. 经销商持股的原因，入股价格是否公允，资金来源，发行人及其关联方是否提供资助。

4. 经销商是否专门销售发行人产品。

5. 关联经销商销售收入、毛利及占比，销售价格和毛利率与非关联经销商是否存在显著差异。

(六) 关于经销商模式经营情况分析

1. 经销商模式销售收入及占比、毛利率，与同行业可比公司是否存在显著差异。

2. 不同销售模式 (直销、经销等)、不同区域 (境内、境外等) 和不同类别经销商销售的产品数量、销售价格、销售收入及占比、毛利及占比、毛利率情况，不同模式、不同区域、不同类别经销商销售价格、毛利率存在显著差异的原因及合理性。

3. 经销商返利政策及其变化情况，返利占经销收入比例，返利计提是否充分，是否通过调整返利政策调节经营业绩。

4. 经销商采购频率及单次采购量分布是否合理，与期后销售周期是否匹配。

5. 经销商一般备货周期，经销商进销存、退换货情况，备货周期是否与经销商进销存情况匹配，是否存在经销商压货，退换货率是否合理。

6. 经销商信用政策及变化，给予经销商的信用政策是否显著宽松于其他销售模式或对部分经销商信用政策显著宽松于其他经销商，是否通过放宽信用政策调节收入。

7. 经销商回款方式、应收账款规模合理性，是否存在大量现金回款或第三方回款情况。

8. 终端客户构成情况，各层级经销商定价政策，期末库存及销售情况，各层级经销商是否压货以及大额异常退换货，各层级经销商回款情况；直销客户与经销商终端客户重合的，同时对终端客户采用两种销售模式的原因及合理性。

三、核查要求

中介机构应实施充分适当的核查程序，获取经销商收入相关的可靠证据，以验证经销商收入的真实性。

（一）制定核查计划

中介机构应制定核查计划，详细记录核查计划制定的过程（如有调整，详细记录调整过程、原因及审批流程）。制定核查计划应考虑因素包括但不限于：行业属性、行业特点，可比公司情况，发行人商业模式，经销商分层级管理方式，财务核算基础，信息管理系统，发行人产品结构、经销商结构、终端销售结构及其特点；样本选取标准、选取方法及选取过程，不同类别的核查数量、金额及占比等。

（二）选取核查样本

中介机构可参考《中国注册会计师审计准则第1314号——审计抽样和其他选取测试项目的方法》，采用统计抽样、非统计抽样等方法选取样本，详细记录样本选取标准和选取过程，严禁人为随意调整样本选取。样本选取应考虑因素包括但不限于：经销商类别、层级、数量、规模、区域分布、典型特征、异常变动（如新增或变化较大）等具体特点。核查的样本量应能为得出核查结论提供合理基础。

（三）实施有效核查

中介机构应按核查计划，综合采用多种核查方法，对选取样本实施有效核查，如实记录核查情况，形成工作底稿。具体核查方法包括但不限于：

1. 内部控制测试：了解、测试并评价与经销商相关内控制度的合理性和执行有效性。

2. 实地走访：实地走访所选取经销商及其终端客户，察看其主要经营场所，发行人产品在经营场所的库存状态，了解进销存情况。了解经销商实际控制人和关键经办人相关信息、向发行人采购的商业理由，了解经销商经营情况、财务核算基础、信息管理系统等。核查经销商财务报表，了解经销商资金实力。

3. 分析性复核：核查发行人、经销商相关合同、台账、销售发票、发货单、验收单 / 报关单 / 代销清单、回款记录等，核查发行人经销收入与经销商采购成本的匹配性，销货量与物流成本的匹配性，相互印证销售实现过程及结果真实性；核查发行人与经销商相关的信息管理系统可靠性，经销商信息管理系统进销存情况，与发行人其他业务管理系统、财务系统、资金流水等数据是否匹配。

4. 函证：函证发行人主要经销商，函证内容包括各期销售给经销商的产品数量、金额、期末库存和对应应收款等。

5. 抽查监盘：对经销商的期末库存进行抽查监盘，核实经销商期末库存真实性。

6. 资金流水核查：核查发行人及其控股股东、实际控制人、董事、监事、高管、关键岗位人员及其他关联方与经销商之间的资金往来。发现异常情况应扩大资金流水核查范围。

由于行业特征、经销商结构和数量等原因导致部分核查程序无法有效实施的，中介机构应充分说明原因，并使用恰当的替代程序，确保能合理地对经销商最终销售的真实性发表明确意见。

（四）发表核查意见

中介机构应按照以上要求进行逐一核查，说明核查程序、核查方法、核查比例、核查证据并得出核查结论，对经销商模式下收入真实性发表明确意见。

5-13　通过互联网开展业务相关信息系统核查

部分发行人，如电商、互联网信息服务、互联网营销企业等，其业务主要通过互联网开展。此类企业，报告期任意一期通过互联网取得的营业收入占比或毛利占比超过30%，原则上，保荐机构及申报会计师应对该类企业通过互联网开展业务的信息系统可靠性分别进行专项核查并发表明确核查意见。

发行人应向保荐机构及申报会计师完整提供报告期应用的信息系统情况，包括系统名称、开发人、基本架构、主要功能、应用方式、各层级数据浏览或修改权限等；应向保荐机构及申报会计师核查信息系统数据开放足够权限，为其核查信息系统提供充分条件。

1. 对于直接向用户收取费用的此类企业，如互联网线上销售、互联网信息服务、互联网游戏等，保荐机构及申报会计师的核查应包括但不限于以下方面：①经营数据的完整性和准确性，是否存在被篡改的风险，与财务数据是否一致；②用户真实性与变动合理性，包括新增用户的地域分布与数量、留存用户的数量、活跃用户数量、月活用户数量、单次访问时长与访问时间段等，系统数据与第三方统计平台数据是否一致；③用户行为核查，包括但不限于登录IP或MAC地址信息、充值与消费的情况、重点产品消费或销售情况、僵尸用户情况等，用户充值、消耗或消费的时间分布是否合理，重点用户充值或消费是否合理；④系统收款或交易金额与第三方支付渠道交易金额是否一致，是否存在自充值或刷单情况；⑤平均用户收入、平均付费用户收入等数值的变动趋势是否合理；⑥业务系统记录与计算虚拟钱包（如有）的充值、消费数据是否准确；⑦互联网数据中心（IDC）或带宽费用的核查情况，与访问量是否匹配；⑧获客成本、获客渠道是否合理，变动是否存在异常。

2. 对用户消费占整体收入比较低，主要通过展示或用户点击转化收入的此类企业，如用户点击广告后向广告主或广告代理商收取费用的企业，保荐机构及申报会计师的核查应包括但不限于以下方面：①经营数据的完整性和准确性，是否存在被篡改的风险，与财务数据是否一致；②不同平台用户占比是否符合商业逻辑与产品定位；③推广投入效果情况，获客成本是否合理；④用户行为真实性核查，应用软件的下载或激活的用户数量、新增和活跃的用户是否真实，是否存在购买虚假用户流量或虚构流量情况；⑤广告投放的真实性，是否存在与广告商串通进行虚假交易；⑥用户的广告浏览行为是否存在明显异常。

如因核查范围受限、历史数据丢失、信息系统缺陷、涉及商业秘密等原因，导致无法获取全部或部分运营数据，无法进行充分核查的，保荐机构及申报会计师应考虑该等情况是否存在异常并就信息系统可靠性审慎发表核查意见，同时，对该等事项是否构成本次发行上市的实质性障碍发表核查意见。

此外，发行人主要经营活动并非直接通过互联网开展，但其客户主要通过互联网销售发行人产品或服务，如发行人该类业务营业收入占比或毛利占比超过30%，保荐机构及申报会计师应核查该类客户向发行人传输交易信息、相关数据的方式、内容，并以可靠方式从发行人获取该等数据，核查该等数据与发行人销售、物流等数据是否存在差异，互联网终端客户情况（如消费者数量、集中度、地域分布、消费频率、单次消费金额分布等）是否存在异常。对无法取得客户相关交易数据的，保荐机构及申报会计师应充分核查原因并谨慎评估该情况对发表核查意见的影响。

5-14　信息系统专项核查

一、适用情形

发行人日常经营活动高度依赖信息系统的，如业务运营、终端销售环节通过信息系统线上管理，相关业务运营数据由信息系统记录并存储，且发行人相关业务营业收入或成本占比、毛利占比或相关费用占期间费用的比例超过30%的，原则上，保荐机构及申报会计师应对开展相关业务的信息系统可靠性进行专项核查并发表明确核查意见。保荐机构及申报会计师应结合发行人的业务运营特点、信息系统支撑业务开展程度、用户数量及交易量级等进行判断。

如保荐机构及申报会计师结合对发行人业务运营、信息系统以及数据体量的了解，认为存在覆盖范围等方面局限的，应考虑引入信息系统专项核查工作。

二、核查总体要求

1. 总体原则。发行人应向中介机构完整提供报告期应用的信息系统情况，包括系统名称、开发人、基本架构、主要功能、应用方式、各层级数据浏览或修改权限等；应为中介机构核查信息系统开放足够权限，提供充分条件。

中介机构应对发行人存储于信息系统中的业务运营和财务数据的完整性、准确性、一致性、真实性和合理性等进行专项核查并发表明确意见。

2. 胜任能力。中介机构应选派或聘请具备相应专业能力的团队和机构执行信息系统核查工作。

3. 责任划分。聘请其他机构开展信息系统专项核查工作或参考其核查结论的，中介机构应考虑其他机构的独立性、可靠性及其核查工作的充分性，并就借助他人开展信息系统专项核查工作的必要性与有效性谨慎发表意见。

4. 核查方案。执行信息系统专项核查，核查团队应以风险防控为导向，结合发行人业务模式、盈利模式、系统架构、数据流转等情况，充分考虑舞弊行为出现的可能性，识别业务流程中可能存在的数据造假风险点，合理设计核查方案，运用大数据分析和内部控制测试等手段逐一排查风险点，全面验证发行人信息系统中业务和财务数据的完整性、准确性、一致性、真实性和合理性。

三、核查工作要求

1. IT 系统控制：包括但不限于系统开发、访问逻辑、权限管理、系统运维、数据安全、数据备份等流程控制情况；重点关注是否存在过度授权，是否存在录入信息系统应用层数据或篡改信息系统后台数据库等数据造假舞弊的风险，是否发生过导致数据异常的重大事件；结合发现的缺陷，判断是否对信息系统存储数据的真实性、准确性及完整性产生影响，是否存在补偿性控制，并明确其性质是否属于重大缺陷以及对内部控制有效性的影响程度。

2. 基础数据质量探查：包括但不限于基础运营数据及财务数据在系统中记录和保存的准确性、完整性；基础数据直接生成或加工生成的主要披露数据的真实性、准确性及完整性；重点关注是否存在数据缺失、指标口径错误导致披露数据失实等事项。

3. 业务财务数据一致性核查：包括但不限于经营数据与核算数据、资金流水等财务数据的一致性或匹配性，测试范围应覆盖整个核查期间；重点关注财务核算数据与经营数据不一致、资金流水与订单金额不匹配等事项。

4. 多指标分析性复核：深入分析关键业务指标和财务指标的变化趋势及匹配性，通过多指标分析性复核找出“异常”趋势和交易；分析贯穿整个业务链条的关键业务及财务指标数据趋势，指标数据应至少以“月”为时间维度进行统计和分析，对个别关键指标数据应按“天”分析；重点关注关键业务指标和财务指标的变化趋势及匹配性，排查是否存在背离发行人业务发展、行业惯例或违反商业逻辑的异常情形，相关核查包括但不限于用户变动合理性、用户行为分布合理性、获客渠道等。

5. 反舞弊场景分析：应针对行业情况设计舞弊场景进行验证测试；基于业务流程可能出现舞弊造假环节的场景进行验证测试，分析核查期间用户行为及订单表现，形成异常数据临界值，识别脱离临界值的异常用户或异常订单并进行深入排查，包括但不限于用户真实性、收入分布合理性、获客成本变动合理性等。

6. 疑似异常数据跟进：包括但不限于排查有聚集性表现的疑似异常数据，除业务逻辑相互印证外，还应执行明细数据分析或实质性走访验证；对确实无法合理解释的异常情况，应分析对收入真实性的影响并发表明确意见。

四、核查报告要求

1. 核查报告内容。信息系统专项核查报告应清晰描述核查工作的整个过程，准确描述和定义核查范围、比例，清晰描述发行人业务模式、经营活动，充分揭示所有风险点，准确叙述每一个风险点涉及的核查方法、核查经过、核查结果、异常情况和跟进测试情况。信息系统专项核查报告应做到内容详实、结论清晰、不留疑问。

2. 核查报告结论。中介机构应结合信息系统专项核查结果，分别就发行人的信息系统是否真实、准确、完整地记录发行人的经营活动，业务数据与财务数据是否一致发表明确意见。存在明显异常事项的，应明确披露该等事项及问题性质，并就该事项的实质性影响发表明确意见。因核查范围受限、历史数据丢失、信息系统缺陷、涉及商业秘密等原因，无法获取全部运营数据，无法进行充分核查的，中介机构应就信息系统可靠性审慎发表核查意见，并对该等事项是否构成本次发行上市的实质性障碍发表核查意见。

5-15　资金流水核查

一、适用情形

保荐机构及申报会计师应当充分评估发行人所处经营环境、行业类型、业务流程、规范运作水平、主要财务数据水平及变动趋势等因素，确定发行人相关资金流水核查的具体程序和异常标准，以合理保证发行人财务报表不存在重大错报风险。发行人及其控股股东、实际控制人、董事、监事、高管等相关人员应按照诚实信用原则，向中介机构提供完整的银行账户信息，配合中介机构核查资金流水。中介机构应勤勉尽责，采用可靠手段获取核查资料，在确定核查范围、实施核查程序方面保持应有的职业谨慎。在符合银行账户查询相关法律法规的前提下，资金流水核查范围除发行人银行账户资金流水以外，结合发行人实际情况，还可能包括控股股东、实际控制人、发行人主要关联方、董事、监事、高管、关键岗位人员等开立或控制的银行账户资金流水，以及与上述银行账户发生异常往来的发行人关联方及员工开立或控制的银行账户资金流水。

二、核查要求

保荐机构及申报会计师在资金流水核查中，应结合重要性原则和支持核查结论需要，重点核查报告期内发生的以下事项：(1) 发行人资金管理相关内部控制制度是否存在较大缺陷；(2) 是否存在银行账户不受发行人控制或未在发行人财务核算中全面反映的情况，是否存在发行人银行开户数量等与业务需要不符的情况；(3) 发行人大额资金往来是否存在重大异常，是否与公司经营活动、资产购置、对外投资等不相匹配；(4) 发行人与控股股东、实际控制人、董事、监事、高管、关键岗位人员等是否存在异常大额资金往来；(5) 发行人是否存在大额或频繁取现的情形，是否无合理解释；发行人同一账户或不同账户之间，是否存在金额、日期相近的异常大额资金进出的情形，是否无合理解释；(6) 发行人是否存在大额购买无实物形态资产或服务（如商标、专利技术、咨询服务等）的情形，如存在，相关交易的商业合理性是否存在疑问；(7) 发行人实际控制人个人账户大额资金往来较多且无合理解释，或者频繁出现大额存现、取现情形；(8) 控股股东、实际控制人、董事、监事、高管、关键岗位人员是否从发行人获得大额现金分红款、薪酬或资产转让款，转让发行人股权获得大额股权转让款，主要资金流向或用途存在重大异常；(9) 控股股东、实际控制人、董事、监事、高管、关键岗位人员与发行人关联方、客户、供应商是否存在异常大额资金往来；(10) 是否存在关联方代发行人收取客户款项或支付供应商款项的情形。

发行人在报告期内存在以下情形的，保荐机构及申报会计师应考虑是否需要扩大资金流水核查范围：(1) 发行人备用金、对外付款等资金管理存在重大不规范情形；(2) 发行人毛利率、期间费用率、销售净利率等指标各期存在较大异常变化，或者与同行业公司存在重大不一致；(3) 发行人经销模式占比较高或大幅高于同行业公司，且经销毛利率存在较大异常；(4) 发行人将部分生产环节委托其他方进行加工的，且委托加工费用大幅变动，或者单位成本、毛利率大幅异于同行业；(5) 发行人采购总额中进口占比较高或者销售总额中出口占比较高，且对应的采购单价、销售单价、境外供应商或客户资质存在较大异常;（6）发行人重大购销交易、对外投资或大额收付款，在商业合理性方面存在疑问;（7）董事、监事、高管、关键岗位人员薪酬水平发生重大变化;（8）其他异常情况。

保荐机构及申报会计师应将上述资金流水的核查范围、资金流水核查重要性水平确定方法和依据，异常标准及确定依据、核查程序、核查证据编制形成工作底稿，在核查中受到的限制及所采取的替代措施应一并书面记录。保荐机构及申报会计师还应结合上述资金流水核查情况，就发行人内部控制是否健全有效、是否存在体外资金循环形成销售回款、承担成本费用的情形发表明确核查意见。

5-16 尚未盈利或最近一期存在累计未弥补亏损

一、核查要求

发行人尚未盈利或最近一期存在累计未弥补亏损的，中介机构应充分核查尚未盈利或最近一期存在累计未弥补亏的原因，并就其是否影响发行人持续经营能力发表意见。

二、信息披露

1. 原因分析

发行人应结合行业特点和公司情况，针对性量化分析披露尚未盈利或最近一期存在累计未弥补亏损的成因，是否符合投入产出规律，是否具有商业合理性，是否属于行业普遍现象。对行业共性因素，应结合所属行业情况、竞争状况、发展态势以及同行业可比公司经营情况等，具体分析披露行业因素对公司盈利的影响。对公司特有因素，应结合公司的投资、研发、生产、销售等情况，具体分析披露有关因素对公司盈利的影响，相关因素在报告期内的变化情况、发展趋势，相关因素与报告期内盈利变动的匹配关系。

2. 影响分析

发行人应充分披露尚未盈利或最近一期存在累计未弥补亏损对公司现金流、业务拓展、人才吸引、团队稳定、研发投入、战略投入、生产经营可持续性等方面的影响。尚未盈利的发行人应充分披露尚未盈利对公司经营的影响，是否对未来持续经营能力产生重大不利影响。

3. 趋势分析

尚未盈利的发行人应谨慎估计并客观披露与未来业绩相关的前瞻性信息，包括原因分析中有关因素的发展趋势、达到盈亏平衡状态主要经营要素需达到的水平、未来是否可实现盈利以及其他有利于投资者对公司盈利趋势形成合理预期的信息。披露前瞻性信息时，应披露预测相关假设基础，并声明假设的数据基础及相关预测具有重大不确定性，提醒投资者谨慎使用。

4. 风险因素

尚未盈利的发行人，应结合自身情况针对性地充分披露相关风险因素，如：未来一定期间无法盈利风险，收入无法按计划增长风险，研发失败风险，产品或服务无法得到客户认同风险，资金状况、业务拓展、人才引进、团队稳定、研发投入等方面受到限制或影响的风险等。预期未盈利状态仍将持续存在的，发行人还应结合《上市规则》的具体条款分析触发退市条件的可能性，并充分披露相关风险。

最近一期存在累计未弥补亏损的，发行人应披露累计未弥补亏损及其成因对公司未来盈利能力、分红政策影响等。

5. 投资者保护措施及承诺

尚未盈利或最近一期存在累计未弥补亏损的发行人，应披露依法落实保护投资者合法权益规定的各项措施；应披露本次发行前累计未弥补亏损是否由新老股东共同承担以及已履行的决策程序。尚未盈利企业应披露其控股股东、实际控制人和董事、监事、高管、核心技术人员按照相关规定作出的关于减持股份的特殊安排或承诺。

5–17　客户集中

一、总体要求

发行人存在单一客户主营业务收入或毛利贡献占比较高情形的，保荐机构应重点关注该情形的合理性、客户稳定性和业务持续性，是否存在重大不确定性风险，进而影响发行人持续经营能力。

发行人来自单一客户主营业务收入或毛利贡献占比超过50%的，一般认为发行人对该客户存在重大依赖。

保荐机构应合理判断发行人是否符合发行条件，督促发行人做好信息披露和风险揭示。

二、核查要求

(一) 客户集中情形核查要求

保荐机构通常应关注并核查以下方面。

1. 发行人客户集中的原因及合理性。

2. 发行人客户在行业中的地位、透明度与经营状况，是否存在重大不确定性风险。

3. 发行人与客户合作的历史、业务稳定性及可持续性，相关交易的定价原则及公允性。

4. 发行人与重大客户是否存在关联关系，发行人的业务获取方式是否影响独立性，发行人是否具备独立面向市场获取业务的能力。

对于因行业因素导致发行人客户集中度高的，保荐机构通常还应关注发行人客户集中与行业经营特点是否一致，是否存在下游行业较为分散而发行人自身客户较为集中的情形。对于非因行业因素导致发行人客户集中度偏高的，保荐机构通常还应关注该客户是否为异常新增客户，客户集中是否可能导致发行人未来持续经营能力存在重大不确定性。

(二) 单一客户重大依赖情形核查要求

发行人对单一客户存在重大依赖的，保荐机构除应按照“(一) 客户集中情形核查要求”进行核查外，通常还应关注并核查以下方面。

1. 发行人主要产品或服务应用领域和下游需求情况，市场空间是否较大；发行人技术路线与行业技术迭代的匹配情况，是否具备开拓其他客户的技术能力以及市场拓展的进展情况，包括与客户的接触洽谈、产品试用与认证、订单情况等。

2. 发行人及其下游客户所在行业是否属于国家产业政策明确支持的领域，相关政策及其影响下的市场需求是否具有阶段性特征，产业政策变化是否会对发行人的客户稳定性、业务持续性产生重大不利影响。

3. 对于存在重大依赖的单一客户属于非终端客户的情况，应当穿透核查终端客户的有关情况、交易背景，分析说明相关交易是否具有合理性，交易模式是否符合行业惯例，销售是否真实。

如无法充分核查并说明发行人单一客户重大依赖的合理性、客户稳定性或业务持续性，保荐机构应就发行人是否具备持续经营能力审慎发表核查意见。

三、信息披露

发行人应在招股说明书中披露上述情况，充分揭示客户集中度较高可能带来的风险。

5-18　投资收益占比

一、总体要求

针对发行人来自合并报表范围以外的投资收益占当期合并净利润比例较高的情形，保荐机构及申报会计师应重点关注发行人来自合并财务报表范围以外的投资收益对盈利贡献程度，发行人纳入合并报表范围以内主体状况，发行人合并财务报表范围以外投资对象业务内容，以及招股说明书相关信息披露等情况。

二、核查要求

发行人来自合并报表范围以外的投资收益占当期合并净利润的比例较高，保荐机构及申报会计师通常应关注以下方面。

1. 发行人如减除合并财务报表范围以外的对外投资及投资收益，剩余业务是否具有持续经营能力。

2. 被投资企业主营业务与发行人主营业务是否具有高度相关性，如同一行业、类似技术产品、上下游关联产业等，是否存在大规模非主业投资情况。

3. 是否充分披露相关投资的基本情况及对发行人的影响。

三、信息披露

发行人应在招股说明书“风险因素”中充分披露相关风险特征，同时在管理层分析中披露以下内容。

1. 被投资企业的业务内容、经营状况，发行人与被投资企业所处行业的关系，发行人对被投资企业生产经营状况的可控性和判断力等相关信息。

2. 发行人对被投资企业的投资过程，与被投资企业控股股东合作历史、未来合作预期、合作模式是否符合行业惯例，被投资企业分红政策等。

3. 被投资企业非经常性损益情况及对发行人投资收益构成的影响，该影响数是否已作为发行人的非经常性损益计算。

4. 其他重要信息。

5-19　在审期间分红及转增股本

发行人在审期间现金分红、分派股票股利或资本公积转增股本的，应依据公司章程和相关监管要求，充分论证必要性和恰当性，并履行相应决策程序，相关分红方案应在发行上市前实施完毕。发行人应重点披露以下内容。

一、发行人大额分红的，应充分披露分红的必要性和恰当性，以及对财务状况和新老股东利益可能产生的影响。

二、发行人分派股票股利或资本公积转增股本的，应披露股本变化后最近一期经审计的财务报告。

5-20　其他说明

本指引自公布之日起施行。《首发业务若干问题解答》等同步废止。

首发企业现场检查规定[①]

第一条　为规范首发企业现场检查行为，强化首发企业信息披露监管，督促中介机构归位尽责，保护投资者合法权益，根据《中华人民共和国证券法》《中华人民共和国公司法》《首次公开发行股票并上市管理办法》《科创板首次公开发行股票注册管理办法（试行）》《创业板首次公开发行股票注册管理办法（试行）》《存托凭证发行与交易管理办法（试行）》等，制定本规定。

第二条　本规定所称现场检查，是指针对申请在境内证券交易所（以下简称交易所）首次公开发行股票或存托凭证并上市的企业（以下简称检查对象），由中国证券监督管理委员会（以下简称中国证监会）及其派出机构和交易所作为检查机构，在检查对象的生产、经营、管理场所以及其他相关场所，采取一定方式对其信息披露质量及中介机构执业质量进行监督检查的行为。

第三条　检查对象和中介机构应当配合现场检查工作，保证提供的有关文件资料和接受问询时陈述的内容真实、准确、完整，不得拒绝、阻碍和隐瞒。

第四条　现场检查工作人员必须忠于职守，廉洁公正，遵守保密规定，确保现场检查独立、客观、公正、高效，不得干预检查对象正常的生产经营活动，不得利用职务便利牟取不正当利益。

第五条　检查对象确定包括问题导向和随机抽取两种方式。

第六条　问题导向的检查对象由中国证监会审核、注册部门或交易所审核部门（以下统称审核或注册部门）确定。在发行上市审核和注册阶段，首发企业存在与发行条件、上市条件和信息披露要求相关的重大疑问或异常，且未能提供合理解释、影响审核判断的，可以列为检查对象。

第七条　中国证券业协会依据相关规定随机抽取检查对象，检查对象

① 此文件为中国证券监督管理委员会公告〔2021〕4号

确定后应当及时向社会公布相关信息。随机抽取的企业名单范围由中国证监会汇总提供的所有未经上市委会议审议或未经发审会审核且未参与过随机抽取的首发企业构成。

第八条　检查对象确定后，审核或注册部门应当在三个工作日内书面通知检查对象和中介机构，检查对象自收到书面通知后十个工作日内撤回首发申请的，原则上不再对该企业实施现场检查。在撤回申请后十二个月内再次申请境内首发上市的，应当列为检查对象。

第九条　针对问题导向的检查对象，检查机构应当结合重点存疑事项的性质和内容开展现场检查，可以围绕上述存疑事项对检查范围进行必要拓展；针对随机抽取的检查对象，检查机构应当重点围绕财务信息披露质量等事项开展现场检查。

第十条　中国证监会依法组织实施现场检查工作，现场检查时，检查组人员不得少于二人。必要时，可以聘请独立的外部专业人员从事辅助检查工作。检查组应加强对聘请的外部专业人员的管理，督促其履职尽责，遵守保密规定，并要求外部专业人员签订承诺书。

第十一条　检查对象及相关中介机构认为检查人员与其存在利害关系的，有权申请检查人员回避。检查人员与检查对象有利害关系的，应当回避。对检查对象提出的回避申请，检查机构应当在三个工作日内以口头或者书面形式作出决定。

第十二条　启动现场检查前，检查机构应当至少提前五个工作日以书面形式告知检查对象，要求检查对象准备有关文件和资料，要求相关人员在场配合检查。

第十三条　检查人员进行现场检查时，应当出示合法证件和监督检查通知书。

第十四条　实施现场检查时，检查组可以根据需要采取以下检查方式：(一) 查看检查对象的生产、经营、管理场所及其他相关场所，获取有关工商等资料；(二) 获取有关资金流水，生产、销售、仓储记录，会计凭证，会计账簿，财务报表等文件资料；(三) 就主要业务循环和会计信息系统进行穿行测试；(四) 问询检查对象控股股东和实际控制人、董事、监事、高级管理人员以及销售、采购、生产、仓储、财务等相关人员；(五) 走访检查对象重要客户及供应商等有关单位和人员，核实相关信息；(六) 核查中介机构工作底稿，询问有关人员、进行现场取证等；(七) 检查组认为必要的其他方式。

第十五条　检查组应当重点围绕检查对象存在的相关问题对中介机构执业质量进行延伸检查，就中介机构履职尽责情况发表意见。

第十六条　检查组形成检查报告前，应当就现场检查中发现的主要问题及情况听取检查对象及中介机构的解释说明，检查对象及中介机构可以就相关问题提供书面说明材料及相关证据。

第十七条　审核或注册部门收到现场检查工作报告后应当就检查对象存在的信息披露质量问题，书面要求检查对象和中介机构进行补充说明、整改规范。

第十八条　根据检查对象存在信息披露问题的严重程度，交易所可以依据有关规定对检查对象及其控股股东、实际控制人和相关责任人员采取自律管理措施，中国证监会可以依据法律、行政法规、证监会规章对上述单位和个人采取行政监管措施、给予行政处罚。

第十九条　现场检查发现中介机构及相关执业人员未勤勉尽责、在执业质量等方面存在违法违规行为的，交易所可以依据有关规定对上述单位和个人采取自律管理措施，中国证监会可以依据法律、行政法规、证监会规章对上述单位和个人采取行政监管措施、给予行政处罚。

第二十条　检查对象、中介机构及其相关人员拒绝或阻碍现场检查的，由中国证监会依据有关规定处理。

第二十一条　检查人员实施现场检查过程中存在违法违规行为的，由中国证监会责令改正，依法给予行政处分，或由交易所依规给予纪律处分；构成犯罪的，依法移送司法机关追究刑事责任。

第二十二条　中国证监会和交易所对检查对象的检查结果并不表明对其信息披露真实性、准确性、完整性作出保证，也不代表对其投资价值的实质性判断。

第二十三条　本规定自公布之日起施行。《关于组织对首发企业信息披露质量进行抽查的通知》(发行监管函〔2014〕147 号) 同时废止。